康养产业理论与实践系列研究 · 总主编 张旭辉

KANGYANG CHANYE
FAZHAN LILUN YU CHUANGXIN SHIJIAN

康养产业
发展理论与创新实践

张旭辉　房红　李博 / 著

中国财经出版传媒集团

经济科学出版社
Economic Science Press
·北京·

图书在版编目（CIP）数据

康养产业发展理论与创新实践/张旭辉，房红，李博著.
－－北京：经济科学出版社，2023.12
（康养产业理论与实践系列研究/张旭辉总主编）
ISBN 978 - 7 - 5218 - 5373 - 5

Ⅰ.①康…　Ⅱ.①张…②房…③李…　Ⅲ.①养老 -
服务业 - 产业发展 - 研究 - 中国　Ⅳ.①F726.99

中国国家版本馆 CIP 数据核字（2023）第 225804 号

责任编辑：刘　丽
责任校对：王苗苗
责任印制：范　艳

康养产业发展理论与创新实践
张旭辉　房　红　李　博　著
经济科学出版社出版、发行　新华书店经销
社址：北京市海淀区阜成路甲 28 号　邮编：100142
总编部电话：010 - 88191217　发行部电话：010 - 88191522
网址：www. esp. com. cn
电子邮箱：esp@ esp. com. cn
天猫网店：经济科学出版社旗舰店
网址：http：//jjkxcbs. tmall. com
北京季蜂印刷有限公司印装
710 × 1000　16 开　14.5 印张　200000 字
2023 年 12 月第 1 版　2023 年 12 月第 1 次印刷
ISBN 978 - 7 - 5218 - 5373 - 5　定价：78.00 元
（图书出现印装问题，本社负责调换。电话：010 - 88191545）
（版权所有　侵权必究　打击盗版　举报热线：010 - 88191661
QQ：2242791300　营销中心电话：010 - 88191537
电子邮箱：dbts@ esp. com. cn）

▶ 总　序 ◀

一、肇始新路：迈步新时代的中国康养产业

就个人而言，健康既是最基本的需要，又是最终极的需要；就社会而言，健康既是人类一切经济社会活动得以展开的前提，也是经济社会发展的最终目标。作为5000年辉煌文明绵延不绝的国家，中华民族早自商周时期，便开始了对各类强身健体、延年益寿方术的探究，其后更开创了深具辩证思想与中华特色的传统医学体系和养生文化。我国传统医学中"治未病"的思想及其指导下的长期实践，在保障国民身体健康中持续地发挥着巨大的作用。相对于西方医学，传统中国在强身健体领域的理论与实践内在地契合现代医疗健康理念从疾病主导型向健康主导型的转变趋势。

但受制于发展水平和物质技术条件的限制，"早熟而晚成"的传统中国，长期陷入"低水平均衡陷阱"而难以自拔。亿兆生民虽终日劳碌仍求温饱而难得，更遑论对健康长寿的现实追求。逮至16～18世纪中西方发展进入"大分流"时代，双方发展差距渐次拉大。西方政治—经济—军事霸权复合体携炮舰与商船迅速叩开古老中国的大门。白银的长期外流摧毁了晚清的经济体系，鸦片的肆虐则同时摧毁了国民的身体与精神。

由是，国民之健康与否不再仅仅是一种个体的表现，而是成为国家机体是否健康的表征，深切地与中国能否作为一个合格的现代国家自立于世界民族之林这样的宏大命题紧密关联。是以，才有年轻的周树人（鲁迅）受激于国民的愚弱，愤而弃医从文，以求唤起民众，改造精神。

是以，才有青年毛泽东忧于"国力荼弱，武风不振，民族之体质，日趋轻细"，愤而发出"文明其精神，野蛮其体魄"的呼声。彼时，帝制已被推翻，民国得以建立。然而先是军阀混战，继而日寇入侵，兵连祸结，民不聊生。内忧外患之下，反动贪腐的国民政府自顾尚且不暇，又何来对国民健康之关注与投入。

直到 1949 年中华人民共和国成立，中国之医疗卫生事业才得以开启新路。在中国共产党的领导下，新中国医疗卫生事业取得了辉煌的成就，被世界卫生组织誉为"发展中国家的典范"。计划经济时期，通过三级医疗卫生服务体系、"赤脚医生"、合作医疗等制度创新和独特实践在全国范围内建立了全球规模最大的公共卫生体系，保障了全体人民都能享受到最基本、最公平的医疗服务。改革开放时期，医疗卫生事业市场化改革深入推进，医疗卫生机构被赋予更多自主权，民间资本得以允许举办医疗机构，大幅拓宽了医疗卫生资源的供给渠道，缺医少药情况有了根本性的改观。同时，启动多轮医改，力求探索出"医改这一世界性难题的中国式解决办法"，以建设好"维护十几亿人民健康福祉的重大民生工程"。

进入新时代，我国社会的主要矛盾由"人民日益增长的物质文化需要与落后的社会生产之间的矛盾"转化为"人民日益增长的美好生活需要和不平衡不充分的发展之间的矛盾"。广大人民群众对健康的需要进一步提升。"民之所忧，我必念之；民之所盼，我必行之"。2015 年，"健康中国"上升为国家战略；2016 年，《"健康中国 2030"规划纲要》出台；2021 年，《中华人民共和国国民经济和社会发展第十四个五年规划和 2035 年远景目标纲要》对全面推进"健康中国建设"进行了专门部署；2022 年，党的二十大报告再次强调"推进健康中国建设，把保障人民健康放在优先发展的战略位置"。中国的卫生健康事业正按照习近平总书记"树立大卫生、大健康的观念"的要求，从"以治病为中心转变为以人民健康为中心"。狭义的医疗卫生事业也扩展为大健康产业，其内涵、外延均变得更加丰富。作为"健康中国"五大建设任务之一的"健康产业发展"，在新时代得以开启蓬勃发展的新阶段。

二、道启新篇：康养产业发展亟需理论与实践创新

人民健康是民族昌盛和国家富强的重要标志。推进"健康中国"建设，既是全面建成小康社会、基本实现社会主义现代化的重要基础，更是全面提升中华民族健康素质、实现人民健康与经济社会协调发展的时代要求。推动康养产业发展构成了推进"健康中国"战略的重要抓手。然而客观地评价，虽然发展康养产业日渐成为投资热点，但总体上仍处于较为粗放的发展阶段。与之相对照，学术界对康养产业的关注虽持续走高，但同样处于起步阶段。现有成果主要集中在对康养产业的概念、内涵以及各地康养产业发展现状和前景的描述性分析上。对康养产业结构演进趋势、发展业态、发展模式、评价指标体系等的研究尚待深入。在康养政策法规、技术与服务标准等对产业发展具有重要支撑作用的研究领域尚未有效开展。新时代我国康养产业的高质量发展亟需理论与实践的双重创新。

在这样的背景下，"康养产业理论与实践系列研究"丛书的付梓可谓恰逢其时。丛书共包括六本，既相互独立又具有内在的逻辑关联；既注重对康养产业发展基础理论体系的构建，也兼顾对典型实践探索的经验总结；既注重对现有理论的充分借鉴并结合康养产业实际，对康养产业发展动力机制、投融资机制、发展模式与路径展开深层的学理化阐释，也兼顾产业竞争力评价、发展政策、产业标准等方面的应用性研究。丛书突破单一研究视野狭窄、以个案式分析为主的不足，构筑了一个较为完整的康养产业发展理论与实践体系。

具体而言，《康养产业发展理论与创新实践》起着总纲的作用，分康养产业发展理论与康养产业创新实践上下两篇。理论部分从宏观视角回顾了我国康养产业发展的历史脉络与发展趋势、国内外康养产业典型经验，构建了康养产业的产业经济学研究框架和公共经济学研究框架，建立了康养产业发展的理论基础，对康养产业统计检测与评价体系等进行了深入的分析。产业实践部分对攀枝花、秦皇岛、重庆石柱等的康养产业创新探索进行了总结提炼。《康养产业发展动力机制与模式研究》采用

宏微观结合的研究视角，分析康养产业产生的经济社会背景，聚焦于康养产业融合发展的动力机制的学理分析和典型模式的经验总结，并对未来康养产业的演进趋势展开前瞻性分析。康养产业涉及范围广、投资周期长，其高质量发展对于大规模资金的持续有效投入有较高的需求。《康养产业投融资机制研究》从康养产业的产业属性出发，构建了多主体参与、多方式协调配合的投融资体系。《康养产业竞争力评价研究》构建了一个涵盖自然资源、医疗资源、养老服务、政策环境等因素的产业竞争力评价体系，从而为不同区域甄别康养产业发展优势和不足提供了一个可供参考的框架，也为差异化的政策设计提供了参考。科学而具有前瞻性的产业发展政策是康养产业高质量发展的重要支撑。《中国康养产业发展政策研究》以时间为序，从康养产业财税政策、金融政策、土地供应、人才政策、医养结合政策、"康养＋"产业政策六大方面对政策分类进行了系统的整理、统编、评述和前瞻，全面总结了中国康养产业发展政策方面的现有成果，并就未来政策的完善与创新进行了深入的分析。《康养产业标准化研究》则充分借鉴国际经验，结合我国的实际，就康养产业标准化的内容与体系、标准化实施与效果评价展开分析。

　　尤需说明的是，丛书作者所在的城市——攀枝花市是我国典型的老工业基地和资源型城市，有光荣的传统和辉煌时期。进入新时代，显然需要按照新发展理念构建新的格局，探索新的发展动力，创新发展业态，由此康养产业应运而生，也成为了我国康养产业发展的首倡者、先行者与引领者，其在康养领域多维多元的丰富实践和开拓创新为产业界和学术界所关注。丛书的作者均为攀枝花学院"中国攀西康养产业发展研究中心"——四川省唯一一个以康养产业为主题的省级社科重点研究基地的专兼职研究人员。也正是在这个团队的引领下，攀枝花学院近年来深耕康养研究，成为国内康养研究领域发文数量最多的研究机构。而"康养产业理论与实践系列研究"丛书，正是诞生于这样的背景之下，理论探索与实践开拓相互促进，学术研究与区域发展深度融合，可谓扎根中国大地做学问的一个鲜活示范。该丛书的出版，不仅对于指导本地区的康养产业高质量持续发展，而且对全省乃至全国同类型地区康养产业的发展都有指导和借鉴的意义。

　　展望未来，康养产业具有广阔的发展前景，是一个充满机遇与挑战的领域，需要我们以开放的心态和创新的思维去面对和解决其中的问题。随着技术的不断创新、政策的不断优化、人们健康观念的不断提升，康养产业将会在未来发挥更加重要的作用。同时，也需要我们不断探索、不断实践，推动康养产业的健康发展，"康养产业理论与实践系列研究"就是一次有益的尝试和探索。相信今后在各方的共同努力下，我国的康养产业将会迎来更加美好的明天。

　　是以为序，以志当下，更待来者！

2023 年 9 月 20 日于成都

▶ 前 言 ◀

人民健康是民族昌盛和国家富强的重要标志。党的十八大以来，以习近平同志为核心的党中央坚持以人民为中心的发展思想，全面实施"健康中国"战略，把人民健康放在优先发展的战略位置，全方位、全周期保障人民健康。党的二十大报告擘画出全面建成社会主义现代化强国的宏伟蓝图。2021 年 3 月 23 日，习近平总书记在福建考察时指出，"现代化最重要的指标还是人民健康，这是人民幸福生活的基础。把这件事抓牢，人民至上、生命至上应该是全党全社会必须牢牢树立的一个理念"。

康养产业涉及与人类健康紧密相关的生产和服务领域，具有产业领域广、产业链条长、产业关联度高、就业吸纳能力强等特点，蕴含着拉动经济发展的巨大潜力。它一头连接民生福祉，另一头连接经济社会发展，推动着健康、养生、养老、旅游、体育、保险、文化、科技信息、绿色农业等诸多产业的有机融合，能对众多上下游产业发展产生强劲的推动效应。康养产业作为绿色产业、朝阳产业、幸福产业，具有广阔的发展前景，也是满足人民日益增长的美好生活需要和落实"健康中国"战略部署的务实举措。由此，"康养产业"成为学界和业界进行理论研究与实践探索的热点领域。但现实地看，理论研究薄弱、产业发展粗放的现状仍未明显改善。康养产业实现高质量发展亟需理论与实践的创新。

正是在上述背景下，本书基于产业经济学、公共经济学、发展经济学的最新理论成果对康养产业理论体系进行了系统研究，构建了康养产业的内涵与研究框架，拓展了康养产业发展的理论基础，推动了康养产业的理论创新；同时从典型康养城市康养产业发展的生动实践，探索其发展思路、发展历程、发展模式、发展路径，以期为我国康养产业的发展提供参考和借鉴。

全书分为康养产业发展理论与康养产业创新实践上下两篇。

理论篇共6章。第1章　前导性研究：事实与问题，梳理了康养产业发展的历程，分析了康养产业发展的历史选择与现实背景，以及康养产业发展中亟须解决的问题。第2章　康养产业的内涵与研究框架，对康养产业的研究范畴、内涵与外延进行了界定，分析了康养产业的特征属性和政策选择，构建了康养产业的产业经济学研究框架和公共经济学研究框架。第3章　康养产业发展的理论基础，从内部和外部两个方面分析了康养产业发展的理论基础。其中内部理论包括产业发展理论、产业集群理论、产业融合理论和产业结构优化理论；外部理论包括"六度"理论、可持续发展理论和新结构经济学理论。第4章　康养产业发展经验与借鉴，总结了美国、日本、德国和我国典型康养城市的经验与启示，并对我国康养小镇的开发建设作了适宜性评价。第5章　康养产业统计监测与评价体系，建立了康养产业统计分类标准、统计报表以及核算方法，为有效开展康养产业统计核算，为构建康养产业发展评价指标体系提供了基础。第6章　康养产业的发展模式与趋势，介绍了康养产业发展的资源优势驱动模式、产业融合发展模式、跨区域市场融合发展模式、智慧康养发展模式和产业生态圈发展模式等典型模式。同时，指出康养产业发展具有消费需求多元化、产品供给品质化、管理方式智能化、产业发展融合化四个方面的发展趋势。

实践篇共4章。第7章　攀枝花市康养产业发展的创新与实践，介绍了一座以"花"命名的城市，充分发挥资源优势，大力发展阳光康养产业促进资源型城市转型，实现康养产业"从无到有、从0到1"的突破，积极探索构建"康养＋"大产业体系，率先发布康养产业地方标准，成为全国康养产业发展的开拓者、先行者的典范实践。第8章　秦皇岛市康养产业发展的创新与实践，介绍了秦皇岛市助力康养产业奋力启航，积极探索"医药养健游"的"五位一体"健康产业格局，坚持高端发展、特色发展和转型发展原则，经过多年坚持不懈的培育，将康养产业培育为新的经济增长点，实现康养产业多元化、多型化、多样化高质量发展的成功经验。第 9 章　重庆市石柱县康养产业发展的创新与实践，介绍了石柱县凭借良好的生态环境、浓郁的土家风情，构建起"观养、疗养、食养、文养、动养、住养"+"康养制造"的"6＋1"康养产业体系，旨在为实现"全域康养、绿色崛起"，发展康养产业、打造康养经济、建设"康养石柱"，康养产业正在成为全县战略性支柱产业和第一牵引产业的创新举措。第 10 章　基于康养体验感知价值的成渝地区双城经济圈"后花园"建设的实证分析，从康养环境、康养设施、康养消费、康养产品、康养服务、康养品牌以及"康养＋"产业七个维度构建消费者康养感知价值构成因素模型，利用结构方程模型考察了各因素之间相互作用的关系。据此，提出了建设成渝地区双城经济圈康养"后花园"的建设策略，提供了一个跨区域发展康养产业的成功案例。

　　本书是在张旭辉主持完成的四川省社会科学规划重大项目"康养产业发展理论、路径与政策研究（SC18EZD040）"和四川省科学技术厅重点项目"攀西康养产业发展模式、效应及政策研究（20RKX0499）"的基础上，由攀枝花学院张旭辉教授、房红教授、李博副教授合著而成，各章作者如下：第 1 章张旭辉，第 2 章房红、张旭辉，第 3 章李博、马东艳，第 4 章房红、张旭辉，第 5 章张旭辉、李仁莉，第 6 章房红、李仁莉，第 7 章张旭辉、尹茜，第 8 章张旭辉、李博，第 9 章李博、张欣，第 10 章张旭辉、李杰。全书由张旭辉、房红、张欣统稿。在写作过程中，四川省社会科学界联合会罗仲平老师、四川省社会科学院杜受祜研究员、四川大学蒋永穆教授、攀枝花市康养局、攀枝花市康养产业发展中心给予了大量的指导与帮助，在此致以最诚挚的谢意。另外，经济科学出版社刘丽对本书的顺利出版付出了大量的辛勤劳动，在此表示由衷的感谢。

　　本书尝试对康养产业发展的理论与实践进行初步的探索，只是一家之言，加之水平有限，难免存在疏漏与不足之处，在此我们诚恳地求教于国内外的专家学者，期待您的批评指正。

张旭辉

2023 年 9 月 8 日于静明湖

▶ 目 录 ◀

上篇 康养产业发展理论

下篇 康养产业创新实践

上篇 康养产业发展理论

第 1 章　前导性研究：事实与问题

1.1　康养产业发展的历史选择与发展脉络

健康是促进人类全面发展的必然要求，是经济社会发展的基本条件，是民族昌盛和国家富强的重要标志。为全面贯彻党的二十大报告提出的健康中国建设要求，更好地体现人民健康优先的战略导向，需要全面理解康养产业发展的深刻内涵和重大意义，紧紧扭住发展的重点任务和关键环节，全面提升中华民族健康素质，实现人民健康与现代化社会协调发展。本节从康养产业发展的历史选择、产业自身的定位出发，深入挖掘康养产业的发展突破口，厘清康养产业的发展脉络，助力健康中国战略早日实现。

1.1.1　康养产业发展的历史选择

进入新时代，我国发展面临新的战略机遇、新的战略任务、新的战略阶段，开启了全面建设社会主义现代化国家新征程。要推动中国现代化进程，就必须全面推进健康中国建设，走出一条中国特色健康事业改革发展之路，为开启全面建设社会主义现代化国家新征程奠定坚实的健康基础。

康养产业作为绿色产业、朝阳产业、幸福产业，正蓬勃发展，它也成为推进"健康中国"战略的重要抓手。加快康养产业发展是顺应经济社会发展的时代要求，也是满足人民群众对美好生活的需求，让人民群众更有获得感、幸福感、安全感，助力健康中国建设的现实需要。

1.1.2 康养产业发展的角色定位：政府与市场

充分发挥政府引导作用，强化政策支撑和市场规范，优化康养产业营商环境，发挥市场在资源配置中的决定性作用，充分调动社会参与积极性，满足个性化、多层次市场需求。

1. 政府

各级政府加强康养产业发展的顶层设计，出台康养产业发展规划和系列配套政策，引导康养产业健康发展。围绕康养产业发展需求，创新驱动，推进康养产业平台、智慧康养平台、康养人才平台、医养结合平台等支撑平台的建设。从实际出发设立康养产业发展基金，激发市场活力，扩大康养产业规模，优化产业结构，提高社会经济效益。研究出台康养产业优惠扶持措施，从财政支持、土地供给、税收优惠、技术创新等方面，加大对康养产业发展的扶持力度。营造良好的营商环境，探索康养产业发展正面引导和负面清单相结合的管理方式，简化项目审批环节，优化审批程序，建立市场准入、重点项目审批"绿色通道"，积极塑造产业集群和优势品牌。开展康养宣传，倡导健康生活方式，培育健康养生消费新理念，营造康养产业大发展的浓厚氛围。发挥行业优势，支持行业协会参与康养产业管理，制定康养产业行业规范，通过行业协会组织，开展养老、文化、医疗卫生、地产、旅游、金融、食品等产业合作，逐步形成康养产业生态圈。强化监测评估，探索研究建立康养产业监测统计与核算制度，加强对重点领域、重点企业的监测，及时掌握康养产业发展动态。

2. 市场

康养产业在市场中萌芽、成长和发展。康养产业在融入健康中国战略大局的过程中，以多样化、多层次的康养需求为着力点，提供丰富的康养产品和服务。康养产业是巨大的民生产业，进一步发挥市场在资源配置中的决定性作用，加快构建康养产业体系，促进多领域、多业态中带动相关产业深度融合，激发多元市场主体的主观能动性和创造性。按照市场化的运作方式，引导社会资本、金融资本投资康养农业、康养制造业、养老服务业、康养旅游业、康养文化、康养运动、智慧康养等产业，发展各类康养产业机构。在市场中培育壮大康养龙头、骨干企业，通过投资、入股、兼并、整合等市场化运作方式，形成规模化、专业化、网络化、连锁化、品牌化，覆盖全产业链条的"企业航母"。大力培育康养产业领域示范企业和优质产品，满足人民群众多样化、多层次、高品质的健康生活需求。

1.1.3　康养产业发展的突破口：供给端与需求端

1. 康养产业发展的供给端

首先，在政策上，政策供给指康养产业发展过程中需政府刺激和促进其产业发展的一系列政策，包括财税政策、土地政策、信贷政策及人才政策。随着康养产业发展进入成长期，国家在政策引导、市场准入、服务推进等方面全方位推进。党的二十大报告提出，推进健康中国建设，把保障人民健康放在优先发展的战略位置，完善人民健康促进政策。政策的导向具体以健康环境建设为基础，着重从政府行为到产业行为，从资本市场到项目落地。在具体做法上，政府加强对康养产业发展的宏观指导，加快制定康养产业规划，由于康养产业发展涉及发改、财政、国土、环保、农业、卫健、林业、旅游等多个部门，在相关制度的建立健全方面，政策应体现统筹性、合理性和规范性。在制度体系和政策保障上推进康养体系更加完整、保障措施更加完善、结构布局更加合理、准入标准更加扎实可行，从而不断促进康养产业发展，提供更加优质的康养产品和服务。供给侧结构性改革取得重大进展，激发调动市场主体创新创造的活力。

其次，在产品上，康养产品供给指为满足消费者需求和良性运营而提供的康养物品或服务。2023年2月，中共中央、国务院印发了《质量强国建设纲要》指出，顺应消费升级趋势，推动企业加快产品创新、服务升级、质量改进，促进定制、体验、智能、时尚等新型消费提质扩容，满足多样化、多层级消费需求。进一步深度挖掘康养产品类型，打造符合人民所需的康养产品，助力康养产业多元化发展。面对现代消费升级与消费分层现象，紧紧抓牢对康养产品供给方向的把控，着眼对产品服务群体、服务范围、售后反馈的统筹分析，打造具有"个性化、品牌化、定制化"要素特征的康养产品势在必行。只有遵循康养产业发展规律，有效供给康养产品，以构建具有鲜明层次性的康养产品，推动康养多元化发展，才能为激发并带动我国康养产业高质量发展打下坚固的基础。

2. 康养产业发展的需求端

随着物质生活水平的不断提高，人民对于健康生活需求就显得尤为突出，新时代健康生活的普及带动了康养产业的整体发展，康养产业作为庞大的产业带动康养农业、康养制造业、康养服务业多个相关产业的协同融合发展，从而形成涵盖健康、养老、养生等新型产业集群，为经济发展创造新的增长点。

康养产业的快速发展，促进了区域经济的高新化、市场化、融合化、集聚化发展，不断完善现代化经济发展体系。康养产业内部之间的协同与配合，还具有拉动消费、增加就业、改善民生等多种经济效益，与康养产业密切相关的养老、卫生等行业，劳动者报酬占增加值的比重为75%～93%，远超过国民经济各行业加权平均的劳动者报酬占增加值的比重（51.4%）（陆冬梅，2021），焕发了康养产业发展的新一轮经济增长活力。从产出的消费群体看，康养产业是比较典型的内需型产业，即这些产业所创造的最终产出基本上完全供国内消费者使用，而由此催生的"银色经济"拥有高增速、大增量的万亿市场空间，发展潜力巨大。康养产业发展一方面可通过较高的内需率直接促进扩大经济需求，另一方面可通过较高的劳动者报酬占比直接增加劳动者的收入，为发展奠定更加坚实的基础，进而间接促进国内康养发展经济需求的扩大，形成叠加效应。

国家统计局公布的数据显示，截至 2022 年末，我国 60 岁及以上人口为 28004 万，占全国人口的 19.8%。其中 65 岁及以上人口 20978 万，占全国人口的 14.9%。预计到 2025 年，我国老年人口将会达到 2.60 亿，老龄化水平达到 18.17%，其中 80 岁以上老年人口将达到 3067 万；2035 年，60 岁以上人口将达到 3.5 亿，我国将成为超老年型国家。预计未来 20 年，我国老龄人口平均每年将以 1000 万的速度递增，到 2050 年，全世界老龄人口将达到 20.2 亿，其中我国老龄人口将达到 4.8 亿，几乎占全球老龄人口的 1/4，占我国总人口的 1/3。

根据《中国康养产业发展报告（2017）》，2030 年我国老年康养产业市场消费将高达 20 万亿元；而全国老龄办预测到 2030 年我国老年产业的规模将达到 22 万亿元，对 GDP 拉动达到 8% 的水平。当前，我国每年为老年人提供的康养生活产品不到 1 万亿元，只有 5000 亿元 ~ 7000 亿元，有近 84% 的老年需求还未得到满足。在发达国家，康养产业已经成为带动整个国民经济增长的强大动力，康养产业增加值占国内生产总值的比重超过 15%；而我国当前，康养产业仅占国内生产总值的 4% ~ 5%，这样的数值甚至低于许多发展中国家。在社会老龄化发展趋势下，除了国家建立完善养老保障体系外，积极发展康养产业也尤为重要。

近年来，根据我国医疗卫生机构总诊疗人次和全国三级公立医院门诊费用统计，我国国民健康消费支出不断增加，国民健康意识也不断增强。特别是老年人对康复护理、上门医疗以及心理健康咨询的需求特别旺盛，而由此催生的"银色经济"拥有高增速、大增量的万亿市场空间，发展潜力巨大。当然康养的目标群体绝不仅仅是"老人"。从全人群和全生命周期视角，老年人只是康养目标群体的一个分支。《国务院关于实施健康中国行动的意见》指出，随着城镇化、工业化、人口老龄化进程的加快，我国各种疾病显著增加，其中慢性非传染性疾病如呼吸系统疾病、癌症、糖尿病、心脑血管疾病等导致的疾病负担在总疾病负担中的占比已超过70%，而由此导致的死亡人数在死亡总人数中占比为88%。

居民不合理膳食、缺乏锻炼、吸烟等不健康生活方式极为普遍，因缺乏对健康知识的认知，引起的疾病问题也与日俱增。未来10年，各种慢性疾病将扩展到每一个家庭。

随着各种疾病和亚健康病症的日渐增多，居民对康养和养生的需求也愈发强烈和迫切。目前，人类对康养的追求从低层次的生理健康逐步转移到多层次、多侧面的要求上来，康养消费需求也由单一的身体疾病治疗逐步扩大到绿色食品、休闲健身、健康保健等多方面。人们也逐渐认识到不仅是亚健康和老年人群体才是康养的目标对象，每个人都可以在生命的自由度、丰裕度和寿命长度的指标体系中，找到自己特定的位置。也就是说，从孕幼到青少年，再到中老年人，各个年龄段的人群，都有不同类型和不同层次的康养需求，因此有必要将社会各群体纳入康养范畴中。

在全民康养新时代，康养的客户群体应该是全龄化的，年轻人需要养生、中年人需要养心、老年人需要养老。同时还需要重点解决好妇女儿童、残疾人和低收入人群等重点人群的健康问题，因此，康养产业的目标客群有银发养老客群（老年人群）、养生保健客群（中青年人群）、医疗康复客群（疾病人群）以及美容康体客群（健康人群）。

据《2023国民健康洞察报告》最新统计，98%的受访者表示近一年有健康困扰，公众对于健康的重视程度，远远超过大量的财富和满意的工作。康养需求被视作个人在其整个生命周期内基于维持或提高健康存量为目的的生理、心理和社会需求。民之所望，政之所向。如何让市民通过运动、休闲、健身、度假、养老、养生、医疗等多种途径和方式，在社会适应、心灵、身体、生活等方面均处于健康的良好状态，从而为人民群众提供全周期、全方位的健康服务，一直是我们党和政府孜孜以求的最终目标和健康管理的宗旨。

近年来党和国家相继下发了《"健康中国 2030"规划纲要》《中医药健康服务发展规划（2015—2020 年）》《关于促进医药产业健康发展的指导意见》《"健康中国行动"（2019—2030 年）》等方针政策，全方位支持健康产业的发展，同时多地政府将康养产业的发展列入"十四五"规划中，并纷纷出台鼓励性政策文件。发展康养产业就是为顺应中国人口老龄化的结构新变化，满足对刚性"健康"需求的长久之计。

因此，我们要加快推进健康中国建设，全面提升人民健康素质与健康水平，从而促进经济社会与人民健康的协调发展。康养产业作为健康中国战略的重要内容，在未来银发市场、亚健康人群市场、追求生活品质人群市场前景广阔，发展空间巨大，已逐渐成为 21 世纪继互联网产业之后最有发展前景的产业。

1.1.4　康养产业的发展脉络

在我国，康养产业的早期发展是在新中国成立至 20 世纪 80 年代初的这段时间里，主要以疗养院、休养所等为主，为国家干部、军人以及劳动群众身体健康提供保障的场所，其典型特征是政府行政主导下的计划经济发展模式。随着改革开放的持续推进，管理体制也变成了企业化经营，使整个产业更加充满活力，从最初的简单疗养、康复等发展到包含养生、休闲、度假、旅游、医疗、保健、体检等在内的多功能综合服务。

21 世纪之前，整个产业的发展都处于零散乱的阶段，没有相应的标准。迈入新世纪后，2010 年，攀枝花首倡"康养"概念，探索打造全国首个阳光康养旅游城市。2013 年首次提出"医养融合"概念以来，政府不断完善相关医养融合的政策，使"医养融合"逐步从概念演化至当前的医、康、养于一体的养老新模式。2014 年，首届中国阳光康养产业发展论坛第一次提出"康养产业"这一新名词，意指"健康与养老服务产业"。2015 年 10 月，党的十八届五中全会通过《中共中央关于制定国民经济和社会发展第十三个五年规划的建议》，首次提出"推进健康中国建设"，从此，"健康中国"上升为国家战略。2016 年国家旅游局发布《国家康养旅游示范基地标准》，首次确立了康养旅游的国家标准，标志着我国康养旅游产业发展进入规范化发展道路。同时，在国家相关部委指导下，地方政府也制定了一系列康养旅游产业发展规划和政策。新时期康养产业逐渐受到中央及地方政府的重视和支持，出台了一系列优惠政策以引导康养产业快速发展。如《促进健康服务业发展的若干意见》《关于大力发展体育旅游的指导意见》《关于促进健康旅游发展的指导意见》《关于促进森林康养产业发展的意见》等一系列支持性政策，并在投资、审批、税费、土地、管理、人才等方面给予康养产业多种扶持性政策，加速了国内康养产业的跨越式发展。在此基础上，民间资本的加入使康养产业焕发更加蓬勃的活力，康养领域的发展更加多元化，康养旅游、森林康养、康养文化、康养运动、康养制造、康养小镇、智慧康养成为新的切入点，也标志着国内康养产业发展进入全新时代。

1.2　康养产业发展存在的问题

1.2.1　观念误区仍待破除

康养产业是 21 世纪的新兴产业，由于受长期产业发展路径的影响而导致的思维僵化和认知锁定，对康养产业跨界性、融合性认知的不足，在对康养产业的认识和实践上还存在以下误区。

误区一，将"老人"作为主要目标消费群体依然存有市场。尽管近年来大力推进康养全域化布局、全龄化服务、全时段开发的"三全"康养新格局，并取得一定的成效。但从产业界和普通市民的认知看，这一狭隘认识还远未消除。康养群体非常宽泛，其客户群体应该是全龄化的。世界卫生组织经过调查显示：全球健康人群仅占人群总数的 5%，被确诊患有各种疾病的人群占 20%，亚健康人群占 75%。因此要从全人群和全生命周期的角度来发展康养产业，客户群体应包含健康、亚健康和疾病人群各群组。

误区二，将"养老"作为康养产业的主题。传统养老包含赡养、照顾、颐养。康养则是指通过运动、健身、休闲、度假、养老、养生、医疗等多种功能的实现，使人在身体、心灵、生活、社会适应等方面都处于一种良好的健康状态。因此不能狭隘地将康养产业与养老产业等同，康养产业应该是包含了养老产业在内的更丰富的业态形式。

误区三，将"医疗"作为核心驱动。康养不等于医养。医养产业包括医疗产品、保健用品、营养食品、医疗器械、保健器具、休闲健身、健康管理、健康咨询等多个与人类健康紧密相关的生产和服务领域。康养产业涵盖养老、养生、医疗、文化、体育、旅游等诸多业态，医养只是其中一部分业态。

误区四，将"土地"作为核心资产。很多开发商以康养度假名义开发度假地产，土地成为核心资源，售卖物业成为核心业态。康养则从医疗卫生产品和服务、休闲运动娱乐产品和服务、康养管理，并融合渗透涵盖各产业的多个行业，其核心是对康养产品和服务的全产业链持续运营，通过高品质服务实现赢利和资产增值，而非传统的地产销售模式售卖物业实现收益。

误区五，思想认识不一。康养产业发展到今天，仍有相当一部分民众对康养产业持怀疑态度。因此，必须进一步统一思想认识，深刻领会发展康养产业是贯彻新发展理念，深化供给侧结构性改革，推动城市发展价值转型和价值跃迁，推进经济结构深度调整的必然要求和应然之举。

1.2.2 顶层设计相对滞后

康养产业属于发展初期，相关政策的制定对产业的良性发展具有重要的导向作用。2013 年以来，我国先后出台了一系列相关政策，比如《关于加快发展养老服务业的若干意见》《"健康中国 2030"规划纲要》《关于促进森林康养产业发展的意见》等，为康养产业发展奠定了基础。从省级层面看，河北、河南、山西、四川、云南、贵州、青海、广西等省份都出台了各自的康养产业发展规划政策文件，康养产业的重点发展领域也集中在中医药、医疗服务、健康养老、休闲旅游、健康食品等产业领域，对于提高康养产品质量和水平、满足大众多样化的康养服务需求具有重要意义。康养二十强市、康养旅游百强县制定了相关推进康养产业发展的意见，对于康养全域化、全时段、全龄化新发展格局起到了重要作用。但是统筹规划力度不足，存在系统性政策缺位且落地难的问题。目前尚未出台具有综合性和系统性的康养产业发展政策，导致康养产业涉及的民政、卫健、医保、文旅等部门之间的权责不清晰，出现了条块化管理现象，增加了康养产业项目开发者在办理相关手续过程中的难度。同时，尽管国家在土地供应、资金补助、税费减免等方面出台了一些优惠措施，但由于政策上的碎片化，再加上相关部门间缺乏有效衔接，投资者很难享受到优惠待遇，没有充分发挥对产业的激励作用。另外，缺乏精细的康养产业发展布局规划，发展比较松散，缺乏理论根基。相较于传统产业，康养产业链条长、融合度高，需要上下游行业的共同努力才能形成完整的康养产业链条，发挥出产业的规模效应和竞争优势。然而，由于政策规划上对产业发展的长远性、系统性思考不足，缺乏系统配套的财政、土地、税收、技术、基础设施等相关康养产业发展扶持政策，产业集群效应尚未形成。同时，康养理念的宣传和行政推动的合力不够。对于经营者，对"康养"理念的认识普遍比较滞后，以产业业态的理念策划打造多种康养业态融合发展的经营模式还没有形成。

1.2.3　康养业态不够丰富

康养产业是面向全生命周期人群，提供包括康复、疗养、健康管理、运动、休闲、文化、旅游等多种服务的统一整体，是综合有机的产业链；其核心是对人群健康有价值和吸引力的康养产品和服务。据专家学者归纳，目前全国已有的康养业态多达 700 余种，有学者认为判断一个项目是否为康养项目关键看康养业态占据从属还是主导地位。根据《2019 年中国区域康养产业可持续发展能力评价报告》基于生命周期的康养需求划分，把康养产业细分为以下六种康养模式（见表 1 - 1）。

表 1 - 1　　　　　　　全生命周期康养模式

年龄分段	0～6 岁	7～18 岁	19～35 岁	36～65 岁	66～80 岁	80 岁以上
康养模式	母婴健康关爱	青少年健康成长	青壮年舒压减负	中青年养生保健	中老年休闲养老	高龄看护照顾

康养产业目标客户主要集中于中青年、中老年和高龄人群，尚未针对不同年龄阶段的特殊需求提供与之相匹配的康养产品和康养服务。针对母婴健康关爱的产后心理调节、形体恢复等康养项目尚不成熟，青壮年舒压减负的健美健身、极限运动、球类运动等康养项目尚不全面，尤其是青少年人群的康养基地素质拓展、研学旅行等康养项目缺乏。生物药品、化学药品、医疗器械、康复辅助器具发展链条不完善，未能形成生物医药产业集群。数字科技和"康养"的融合不足，康养行业信息化和智能化程度尚不高，智能民宿、智慧饭店、智能医疗等具体行业开发尚未完善。

1.2.4　专业康养人才匮乏

康养专业人才是康养产业发展的核心要素，康养产业需要具备健康、养生、养心、养智、养老等专业能力的复合型人才，但目前我国在相关政策上没有制定统一的康养人才培养标准，在培养理念上还未形成多学科交叉融合的理论体系，导致在专业性康养人才供需上存在较大缺口。通过调查发现，现阶段不仅缺乏康养产业专业人才，而且康养产业从业人员的素质普遍不高，在知识和技能方面都不能满足高质量专业化的康养服务需求，这已成为阻碍康养产业发展的重要因素。比如在医疗方面，康养人才总量不足、缺乏专业学科带头人，中医康复治疗人才短缺；在养老服务机构中，业务能力强的看护人才较为短缺，从业人员文化水平较低，医学知识、技能等欠缺，且由于薪资水平不高，人员流动较大，导致机构提供的服务质量不稳定，影响康养体验；在康养旅游方面，缺乏高层次康养旅游战略规划、产品开发、市场运作，也缺乏营养、医疗、护理、养生、保健等技能型人才（刘智勇，2022）。随着康养产业的进一步发展，人才供需矛盾将不断加剧，必将制约产业的持续健康发展。

1.2.5　要素保障亟须强化

发展康养产业涉及的政策、资金、人才、土地等要素的保障亟须加强。政策配套方面，多数优惠政策缺少相应的配套实施机制，政策落地难，政策红利难以充分释放，市场活力尚未充分激活。资金投入方面，由于康养产业经营周期长，资金投入巨大，投资回报期长，如果缺乏配套的财政补贴等财政政策支持，康养企业很难实现盈利。目前，许多地方政府对康养产业的财政后续支持不足。在引导、鼓励企业和社会资本投资康养项目建设方面，缺乏相应的行业规划引领，土地、税收、金融、运输、用水用电等方面的政策扶持力度不大，社会资本投资康养产业的积极性不高。人才供给方面，虽然康养人才体系已初具系统，但康养专业人才缺乏的问题依然存在并将长期存在，康养人才队伍数量和素质均无法满足产业发展之需。土地供给不足，一方面，在发展康养产业过程中，对土地需求量较大的康养项目承载能力有限；另一方面，住宅用地转作康养项目的成本又太高。公共设施覆盖不足，公共运动场所数量、医疗健康设施、旅游集散中心等公共服务设施规模有限，导致产业融合关系不够深入，全域康养理念尚未从根本上融入城市公共基础设施建设。

1.3　本 章 小 结

推进健康中国建设，要深刻理解康养产业历史选择的重要性，明确定位产业的自身价值；要坚持深化研究康养产业需求多样化与供给多样化的深度融合，在发展道路上构筑一个较为完整的康养产业发展理论与实践体系。回顾前路，康养产业始终在尝试和探索；展望未来，康养产业的前景充满机遇与挑战。厘清康养产业的发展脉络，以开放的心态和创新的思维去面对和解决遇到的问题，明确重点，增强后劲，才能推动我国康养产业实现高质量发展。

第 2 章　康养产业的内涵与研究框架

　　2015 年"健康中国"上升为国家战略；2016 年 10 月 25 日，国务院印发《"健康中国 2030"规划纲要》，指出到 2030 年，健康产业规模显著扩大，成为国民经济支柱性产业；2017 年 10 月 18 日，党的十九大报告提出，实施健康中国战略，要完善国民健康政策，为人民群众提供全方位全周期的健康服务；《中国康养产业发展报告（2017）》指出我国康养产业发展潜力巨大，到 2030 年将达到 22 万亿元产业规模；《中国康养产业发展报告（2018）》评选出全国康养 10 强市（地级）和全国康养 50 强县（市）；2019 年 12 月，"首届中国康养大会"在北京召开，标准排名城市研究院、中国健康养老产业联盟通过构建生态环境指数、医疗水平指数、民生幸福指数、产业融合指数、康养政策指数五大类评价指标，对 333 个地级行政区（含 293 个地级市）进行打分排序，得出"2019 中国康养城市排行榜"，评选得出"2019 中国康养城市 50 强"。康养产业的巨大发展潜力使得地方政府对其重视程度不断提高，许多地方积极挖掘自身康养资源，努力将康养产业发展为当地新的经济增长点。社会资本对康养产业的投资也在持续增加。

　　与如火如荼的康养产业实践相比，有关康养产业的理论研究严重滞后。以"康养产业"作为关键词在中国知网搜索，共有相关论文 2032篇。从研究方向看，绝大部分为应用性研究论文，专门针对康养产业理论机理的研究性论文极为少见。理论研究的不充分和缺失，直接导致人们对于"康养产业"的认识上的模糊，对于"康养产业"内涵与外延，国内外迄今尚未有明确而权威的定义，对于"康养产业"的界定范畴、统计标准难以统一。在内涵与外延尚未得以明确界定之前，康养产业的理论研究基础——研究范畴与研究框架更是没有得以构建。在对于"哪些经济活动属于康养产业"，或者"哪些产品或服务的提供属于康养产业"这样一个最基本的理论问题没有得到很好回答的前提下，对于康养产业的研究范畴就是不明晰的，对于康养产业的研究就失去了其逻辑起点；在研究框架没有构建的前提下，对于康养产业的研究就是缺乏理论范式指导的，其理论研究自然也难以深入开展。

　　"健康中国战略"的顺利实施亟待对于"康养产业"进行深入的理论研究。首先要做的就是对康养产业开展最基本的理论层面的研究，首先要回答"什么是康养产业？""经济体中哪些经济活动属于康养产业？"实际上，就是要对"康养产业"的内涵与外延进行清晰的界定。其次，要对于"康养产品"的经济属性、"康养产业"的研究范畴、"康养产业"的理论研究框架开展研究。以上对于"康养产业"基本理论问题的研究，有利于深入开展"康养产业"理论研究，总结其发展规律；有利于对于"康养产业"实践提供科学的理论指导，纠正实践中的偏差行为；有利于产业政策的不断完善，实现政府与市场资源在产业中的最优配置。

2.1　康养产业发展研究综述

2.1.1　国外相关研究

　　国外学术界对于"康养产业"开展了一定的研究，主要包括以下研究现状。

　　国外没有"康养产业"的提法，而是称为"健康产业"。对于"健康"的认识，国际上经历了一个不断发展的过程。世界卫生组织 1947 年提出"健康不仅仅是没有疾病和虚弱的状态，而是一种在身体上、心理上和社会上的完好状态"；1989 年增加了"道德健康"因素，认为"健康"包括生理健康、心理健康、良好的社会适应性、道德健康四个因素；对于"健康产业"的界定，狭义上指经济体系中向患者提供预防、治疗、康复等服务部门的总和，对应于我国的"医疗卫生服务业"；广义上即"大健康产业"，在狭义概念基础上，包含了美国经济学家保罗·皮尔泽在《财富第五波》中所提及的保健产业，即针对非患病人群提供保健产品和服务活动的经济领域。因此广义的"健康产业"包括了医疗产业和保健产业（Paul，2007）。对于健康产业的外延，世界银行、世界卫生组织对于健康产业的统计包括医疗服务业、医药产业、健康管理、保健食品、养老产业、健康旅游等领域。

与"健康产业"相近的概念还有"银发经济"。经济合作与发展组织（OECD）将"银发经济"定义为"产业界或部门为老年人提供的产品或服务"，牛津经济研究院从操作性出发，将"银发经济"定义为"为 50 岁及以上群体提供的产品和服务的总称"（Marek Radvanský & Viliam Páleník，2011）。一些学者梳理了其外延，主要包括：适应于老年人的住院和门诊护理中的 IT 应用、智能生活、住房改造、独立生活能力的促进，卫生经济学相关领域、教育和文化、信息技术和媒体、服务机器人、流动性及其促进，旅游、文化、交流和娱乐、服务和市场、健康、日常生活服务、金融服务等内容（Enste & Naegele，2008；Moody & Sasser，2012）。欧美研究文献对"银发经济"的研究范围包括了养老服务与产品的开发、市场策略、产业挑战与解决方式等，是众多产业部门的集合。

整体上，国外对于"健康产业"的研究主要侧重于健康经济学（卫生经济学）的视角（徐程，2012），研究方向大体包括医药卫生体系（Cutler & Deaton，2006；Nils Gutacker et al.，2016）、医疗保障（Ethan M J Lieber，2018；Gawain Heckley et al.，2016）、健康行为的经济学研究（Henry Y Mak，2018；Sophie Witter et al.，2010）等。

2.1.2　国内研究现状

国内学术界对于康养产业的研究主要围绕着康养产业的界定、康养产业的属性、康养产业投融资机制、康养产业发展实践等方面展开，取得了较丰富的研究成果。

1. 康养产业的界定

国内对于"康养产业"概念的提出始于 2014 年。与"康养产业"密切相关的概念，包括"健康产业""养老产业""老龄产业""养生产业"。国内对于"健康产业"的大量研究始于 21 世纪初，对于"养老产业""老龄产业"的大量研究始于 20 世纪末，对于"养生产业"的研究可以追溯得更早。

（1）健康产业的概念。对于"健康产业"，郭德君（2016）认为，健康产业不是特指某个具体产业，而是与"大健康"概念相对应的整体性产业链以及产业体系，一切与人类健康息息相关的产业都具有健康产业方面的含义。石智雷等（2016）认为，大健康的内涵主要包括身体、精神、环境三大方面以及预防、治病、康复保健和养生四大方面的健康实践。丁小宸（2018）提出，健康产业涵盖健康管理、医疗保健、健康保险、健康食品、医疗器械、医疗旅游、养老产业等新兴业态。张毓辉等（2017）认为，健康产业是以医疗卫生与生物技术、生命科学为基础，提供以维护、改善和促进健康为直接或最终用途的各种产品、服务的行业与部门的集合。健康产业包括以保健食品和中药材种植养殖为主体的第一产业，即健康农、林、牧、渔业；以药品、医疗器械、保健器具等生产制造为主体的第二产业，即健康相关产品制造业；以医疗卫生和健康管理与促进服务为主体的健康服务业。张车伟（2019）认为，健康产业包括健康食品业、保健品业、健身业、健康信息服务业、健康保险业、健康产品批发零售业、医药制造业、养老养生服务业等产业，以及提供基本健康服务等公益事业的内容。可以看出，目前国内理论界对于"健康产业"的界定与国外"大健康产业"的概念是一致的。

政府部门对于"健康产业"的认识经历了一个从狭义的"健康服务业"到广义的"大健康产业"的变化过程。《国务院关于促进健康服务业发展的若干意见》指出"健康服务业以维护和促进人民群众身心健康为目标，主要包括医疗服务、健康管理与促进、健康保险以及相关服务，涉及药品、医疗器械、保健用品、保健食品、健身产品等支撑产业，覆盖面广，产业链长"。2014年4月，国家统计局发布了《健康服务业分类（试行）》，将"健康服务业"定义为"以维护和促进人类身心健康为目标的各种服务活动"，只涉及第三产业。2019年4月1日，国家统计局与国家发展改革委、国家卫生健康委联合发布了《健康产业统计分类（2019）》，借鉴了世界卫生组织的分类方法，将"健康产业"界定为"以医疗卫生和生物技术、生命科学为基础，以维护、改善和促进人民群众健康为目的，为社会公众提供与健康直接或密切相关的产品（货物和服务）的生产活动集合"。确定了健康产业统计的具体范围划分原则：一是生产产品（货物和服务）的目的是维护、改善和促进人的健康状况，与健康直接或密切相关；二是产品（货物和服务）提供应当以医疗卫生技术、生物技术和生命科学为基础；三是产业链的延伸应当遵循在健康服务业的基础上，延伸至不因物理形态等变化而改变其健康目的和功能的行业。根据上述原则，健康产业统计涵盖一二三产业的相关内容。经过2019年的统计调整，政府部门对于健康产业的统计与"大健康产业"的范畴界定保持了一致。

（2）养老产业和老龄产业的概念。对于"养老产业"，国内理论界比较一致的观点认为，广义上指满足老年人生活需求的产业总称，包括养老照料护理、医疗保健、老年文化教育、旅游休闲、金融服务、法律、支援等多个产业在内的新兴产业集群；狭义上指提供养老照料护理服务的产业总称，其外延包括为机构或居家老年人提供饮食、起居、清洁、卫生、心理慰藉等日常生活的照料服务，以及提供疾病预防、保健、康复、照护活动的医疗护理服务等内容（杨立雄和余舟，2019）。2020 年 2 月 4 日，国家统计局发布了《养老产业统计分类（2020）》，将"养老产业"定义为"以保障和改善老年人生活、健康、安全以及参与社会发展，实现老有所养、老有所医、老有所为、老有所学、老有所乐、老有所安等为目的，为社会公众提供各种养老及相关产品（货物和服务）的生产活动集合，包括专门为养老或老年人提供产品的活动，以及适合老年人的养老用品和相关产品制造活动"。具体涵盖二三产业中涉及养老产业的全部内容。

对于"老龄产业"，比较有代表性的观点认为，其是为老年人口提供产品或劳务、满足老年人口衣食住行用等各方面需求的各种行业，包括生产、经营和服务三个方面（陆杰华，2002）。

（3）养生产业的概念。"养生"在我国具有悠久的文化传统，养生文化滥觞可追溯到夏商时期（陈柯，2015）。中国传统医学以养生长寿、治未病为最高宗旨，不断提高着人们对于养生文化的认同程度（杨金龙，2007）。"养生"广义上是一门人类提高自身组织、自身康复能力的学问，人们可以借该学问实现延年益寿的愿望；狭义上指通过非药物的方法提高人体自身康复能力的学问。李后强（2015）将其定义为"通过各种方法颐养生命、增强体质、预防疾病，实现延年益寿、生生不息的生活方式和医事活动"。

对于"养生产业"，国内学者从不同角度开展了一些研究，包括养生健身文化产业（鄢行辉，2010；王敬浩等，2009），中医养生保健服务产业（胡振宇和黄艳，2015；李海英等，2018），以及林下养生产业等（陈柯，2015）。高杰（2019）认为，"养生产业"，又被称为"健康产业"，是借助传统与非传统医学治疗使人的身体得到健康和放松，使工作压力得到缓解的一种方式。

"健康养生产业"有狭义与广义之分。狭义上仅指与人身体健康有关的，与医药及医疗服务直接相关的产业活动；广义上不仅包括与人身健康有关的医药、医疗产业活动，还包括除医药、医疗产业活动之外，与人身健康有关的边缘产业，如休闲娱乐、保健服务等产业活动。

（4）康养产业的概念。截至目前，对于"康养产业"尚未形成统一的、清晰的概念界定。康养产业包含健身养生业、旅游休闲业等相关产业，是现代服务业的重要组成部分；李后强（2015）认为"康养"主要包含了"健康"和"养生"两个方面，将"康养"定义为"在特定的外部环境中，通过一系列行为活动和内在修养实现个人身体上和精神上的最佳状态"。将"生态康养产业"定义为"以充沛的阳光、适宜的湿度和高度、洁净的空气、安静的环境、优质的物产等优良资源为依托，辅以优美的市政环境和完善的配套设施，以运动、保健、休闲、度假、养生、养老等功能为核心的促进人健康长寿的现代服务业"。何莽（2018）将"康养"分为"健康""养生""养老"三个维度，将"康养"看成"以养为手段，以康为目的"的活动，是对生命的"长度""丰度"和"自由度"三位一体的拓展过程，是结合外部环境改善人的"身""心""神"，并使其不断趋于最佳状态的行为。

2. 康养产业的属性

一些学者对于康养产业的基本属性和功能属性进行了研究，基本属性研究方面，李后强（2015）率先提出并论述了生态康养理论，认为生态康养产业是一种高级形态的现代服务业；杨继瑞和赖昱含（2018）总结了 2017 年首届"中国西部康养产业发展论坛"中专家的观点，蒋永穆教授表示，康养产业具有准公共产品的特点，投入大、见效慢。曾庆均教授表示，养老产业投入大、回收期长、运营风险较高，且易受经营场所、金融信贷等要素制约；周永（2018）分析了康养产业融合发展的内在机理；功能属性研究方面，高铭蔓（2018）、陈力等（2018）认为发展康养产业能够带动产业转型；高妍蕊（2017）指出，发展康养产业符合我国经济社会发展趋势，是深化供给侧结构性改革的重要内容，是应对我国老龄化和适应经济社会发展的必然选择，有利于产业升级和经济结构优化，能够加快我国经济发展新旧动能转化；潘家华等

（2019）认为发展康养产业是坚守和提升"发展"和"生态"这"两条底线"的有效途径。

3. 康养产业投融资机制

对于康养产业投融资机制，一些学者认为康养产业发展面临资金约束难题（刘瑶，2017；陈芳，2018；卜从哲，2018）；一些学者从康养产业的属性出发，提出康养产业项目具有投资金额大、回报周期长等特征，导致对金融资本的吸引力先天不足，民间投资积极性不高，因此应加大财政投入（卜从哲，2018；罗忠林，2018；程臻宇，2018）；潘家华等（2019）认为发展康养产业的关键是创新体制机制，包括明确产业扶持政策以及财税、金融等方面的配套支持。

4. 康养产业发展实践

结合康养产业发展实践，不少学者开展了相关实证研究。高妍蕊（2017）指出，我国康养产业发展要加强体制机制和信用体系建设；何莽（2018）指出，我国康养资源的分布区域聚集性特征十分突出；刘战豫等（2019）、何彪等（2018）、戴金霞（2017）分别研究了焦作市、海南省、常州市康养产业发展实践；王鹏等（2016）、王佳怡（2018）、陈芳（2018）、钟露红等（2018）、雷鸣等（2018）、张旭辉等（2020）研究了攀枝花市康养产业发展实践。

2.1.3 研究述评

通过以上分析可以看出，国内外相关研究成果在研究视角和研究内容方面存在较大差别。国外没有提出"康养产业"的概念，而"健康产业"的概念经历了一个从狭义到广义的发展过程。国外对于"健康产业"的研究侧重于健康经济学（卫生经济学）的视角，在研究内容方面主要是应用经济学的基本原理和计量方法研究医药卫生领域的一系列相关问题，包括医药卫生体系的研究、医疗保障研究、健康行为的经济学研究等；国内对于"康养产业"在研究视角方面更侧重于产业经济学的研究视角，在研究内容方面近年来围绕着康养产业的界定、康养产业的属性、康养产业投融资机制、康养产业发展实践等开展了大量研究。

在概念界定方面，"康养产业""健康产业""养老产业""老龄产业""养生产业"五个概念中，"养老产业"（国外称"银发经济"）与"老龄产业"的研究范畴相同，都是指为"老年人"这一特定人群提供产品或劳务，满足其生活需求的经营活动的总称。这使得这两个概念与"康养产业""健康产业""养生产业"具有明显的区别；另一方面，由于对"健康产业""养老产业""老龄产业"的研究时间较长，目前对于这些概念基本上形成了比较权威的界定，从而使得其研究范畴得以确定。特别是，国内对于"健康产业"的界定经历了一个从狭义的"健康服务业"到广义的"大健康产业"的最新变化，而这种变化也使得国内理论界和政府部门对于"健康产业"的研究范畴能够与国际上保持一致，为在该领域开展国内外理论交流和政府合作奠定了基础。相比较而言，对于"康养产业"的概念界定尚不清晰。

整体上，由于研究时间较短，目前国内外学术界对于康养产业的研究尚处于起步阶段，虽然近年来大量涌现相关研究成果，但多数是关于康养产业的实证研究，而相关基础理论研究严重缺乏，导致对于康养产业的概念认识混乱不清、内涵与外延界定不统一；对于康养产业的产业属性、产业范畴缺乏权威界定，对于康养产业的产业统计标准难以落实；对于康养产业的理论研究框架缺乏研究，对于康养产业的发展规律缺乏理论层面的分析和研究。从康养产业的发展实践看，由于缺乏相关基础理论的指导，导致发展实践中非理性投资、风险认识不足等诸多问题不断涌现，对康养产业的持续健康发展造成严重负面影响。因此，加强康养产业基础理论研究迫在眉睫，而首先要做的就是对于康养产业进行概念界定与理论构建。

2.2　康养产业的概念界定与研究范畴

"康养产业"的概念界定尚未形成统一的、权威的观点，使得对其研究范畴产生了不同的认识，影响了"康养产业"相关理论研究的深入开展。具体地，在内涵方面，首先，国内对于"康养产业"的概念比较有代表性的观点有三个：一是首届中国阳光康养产业发展论坛提出的"健康服务业与养老服务业"，二是李后强（2015）提出的包含"健康"和"养生"两个方面，三是何莽（2018）提出的包含"健康""养生""养老"三个维度；其次，相关概念的界定未对"产业"与"事业"进行特别的区分，导致"健康产业"与"健康事业"、"养老产业"与"养老事业"混淆不清。在外延方面，首先，国际上没有统一的产业统计口径，富时集团和道琼斯指数公司推出的行业分类基准（Industry Classification Benchmark，ICB）将"健康产业"统计为"卫生保健供应商""医疗设备""医疗物资""生物科技""制药"五个从属行业，与我国的《健康产业统计分类（2019）》相比，在统计口径上要窄一些，这使得进行比较时存在很大的困难；其次，"康养产业"在产业统计时通常不作为一级产业进行统计，ICB 是目前国际上为数不多的将"健康产业"单独列为一级产业的行业分类标准，但并没有得到广泛的应用，这给"康养产业"的统计工作带来很大的难度；最后，"健康产业"与"养老产业"在统计口径上存在交叉统计的情况，如《健康产业统计分类（2019）》中健康产业的一个大类"医疗卫生服务"下的"康复、护理服务"包含小类：专科医院、疗养院、护理机构服务、精神康复服务、临终关怀服务、康复辅具适配服务，大类"健康促进服务"下的"健康养老与长期养护服务"包含小类：家庭服务，其他居民服务业，老年人、残疾人养护服务，社会看护与帮助服务。可以看出，《健康产业统计分类（2019）》对于"健康产业"和"养老产业"的统计存在交叉的情况。

2.2.1　对康养产业概念与研究范畴的界定

"大健康观"的核心内涵是：覆盖全人群的全生命周期健康，即包括生命孕育期（母婴期）、儿童少年期、成年期、老年期和临终关怀在内的"从负一岁到终老"的全过程健康；覆盖全人群的全方位健康，即身体健康、心理健康、社会适应健康、生活方式健康、人居环境健康等（申曙光和曾望峰，2020）。"健康中国战略"以"为人民群众提供全方位全周期健康服务"为目标，是适应"大健康观"而提出的全新的国家战略。

与"大健康观"相适应的"大健康产业"，指与人的身心健康相关的产业体系，包括对健康人群创造和维持健康、对亚健康人群恢复健康以及对患病人群的修复健康，其产业链覆盖全人群、全生命周期，涉及范畴非常广泛，涵盖一二三产业的相关内容。

在大健康观指导下，从《国务院关于促进健康服务业发展的若干意见》到《健康产业统计分类（2019）》，名称由"健康服务业"变为"健康产业"；从国家统计局2014年发布《健康服务业分类（试行）》到2019年发布《健康产业统计分类（2019）》，"健康产业"的统计范围由原来只涵盖第三产业的健康服务业，扩展为涵盖一二三产业的健康农、林、牧、渔业，健康制造业和健康服务业，详见表2－1。

表 2 － 1　　　　　　　健康产业在三大产业部门的统计内容

产业分类	主要内容
第一产业	以保健食品和中药材种植养殖为主体的健康农、林、牧、渔业
第二产业	医药和医疗器械等生产制造为主体的健康相关产品制造业
第三产业	以医疗卫生、健康保障、健康人才教育及健康促进服务为主体的健康服务业

资料来源：根据《健康产业统计分类（2019）》整理。

另外，从"养生"的内涵看，其主要指通过各种手段达到预防疾病、增强体质、延年益寿的目的，仅仅涉及人的"身体健康"或"生理健康"，不涉及人的"心理健康""道德健康"等其他方面。比较而言，"大健康观"下的"健康"不仅包括"生理健康"，还包括"心理健康""良好的社会适应性""道德健康"等。因此，"大健康"完全能够涵盖"养生"的范畴，两者关系如图 2-1 所示。

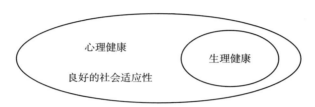

图 2-1　"大健康"与"养生"的关系

通过对《健康产业统计分类（2019）》进行分析，同样可以看出，其内容完全能够涵盖"养生"的范畴，详见表 2-2。

表 2-2　　　　　　　　健康产业统计中的"养生"内容

所属类别		主要内容
第一大类	医疗卫生服务	康复、护理服务
第四大类	健康促进服务	养生保健服务
		健康养老与长期养护服务
第七大类	药品及其他健康产品流通服务	营养和保健品批发、其他健康产品批发、营养和保健品零售
		营养、保健品和医学护肤品制造
第十一大类	健康用品、器材与智能设备制造	健身用品与器材制造
		家用美容、保健护理电器具制造
		健康智能设备制造
第十三大类	中药材种植、养殖和采集	动植物中药材种植、养殖和采集
		非动植物中药材采选

资料来源：根据《健康产业统计分类（2019）》整理。

在"大健康观"下，既然"养生"是"健康"的一部分，将"康养产业"理解为包含了"健康"和"养生"两个方面或者"健康""养生""养老"三个方面就是有失恰当的。

"养老产业"或"老龄产业"都是指为"老年人"这一特定人群提供产品或劳务，满足其生活需要的经营活动的总称，涉及的范畴非常广泛，既包括满足老年人需要的健康产品和服务，也包括非健康产品和服务，如"住宿和餐饮业""建筑业""金融业""教育"等。因此，"健康产业"与"养老产业"存在一定程度的交集关系，如《健康产业统计分类（2019）》"第一大类　医疗卫生服务"与《养老产业统计分类（2020）》中"第二大类　老年医疗卫生服务"就存在交集。"健康产业"与"养老产业"的关系如图2-2所示。

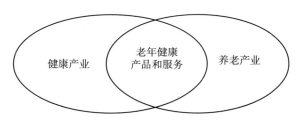

图 2-2　"健康产业"与"养老产业"的关系

因此，本书认为，"康养产业"的研究范畴包括"大健康产业"和"养老产业"两部分，在内涵上，分别指"以医疗卫生和生物技术、生命科学为基础，以维护、改善和促进人民群众健康为目的，为社会公众提供与健康直接或密切相关的产品（货物和服务）的生产活动集合"；"为老年人提供产品或劳务，满足其生活需求的经营活动的总称"。在外延上，依据《健康产业统计分类（2019）》，"健康产业"包括13个大类产品和服务，分别为医疗卫生服务，健康事务、健康环境管理与科研技术服务，健康人才教育与健康知识普及，健康促进服务，健康保障与金融服务，智慧健康技术服务，药品及其他健康产品流通服务，其他与健康相关服务，医药制造，医疗仪器设备及器械制造，健康用品、器材与智能设备制造，医疗卫生机构设施建设，中药材种植、养殖和采集；依据《养老产业统计分类（2020）》，"养老产业"包括 12 个大类产品和服务，分别为养老照护服务、老年医疗卫生服务、老年健康促进与社会参与、老年社会保障、养老教育培训和人力资源服务、养老金融服务、养老科技和智慧养老服务、养老公共管理、其他养老服务、老年用品及相关产品制造、老年用品及相关产品销售和租赁、养老设施建设。

2.2.2　对康养产业内涵与外延的理解

1. 产业的内涵

在国外，"产业""工业""行业"等都翻译为"industry"，国外对于"产业"没有统一的定义，麻省理工学院《现代经济学词典》认为，在完全竞争市场的分析框架内，"产业"是指"生产同质产品（产品群）的相互竞争的一大群厂商"（汪雁，2004）。

在国内，《现代汉语词典（第 7 版）》《新华词典（第 4 版）》《应用汉语词典》等对"产业"的解释都是"土地、房屋、工厂等财产（多指私有的）""工业生产"；《现代汉语图解词典（新版）》对"产业"的解释是"拥有的土地、房屋、店铺、矿山等财产""构成国民经济的行业和部门，如第一产业、第二产业、第三产业；特指工业"；《现代汉语规范词典》的解释是"拥有的房屋、土地、店铺、厂矿等财产""指各种生产、经营事业，如第一产业、第二产业、第三产业；特指工业"。

在传统经济学理论中，"产业"主要指经济社会的物质生产部门，每个部门都专门生产和制造某种独立的产品（张小梅和王进，2017）。产业经济学是研究产业的学科，国内产业经济学领域的学者通常认为"产业"是指具有某类共同特性的企业的集合（杨公朴，2005），如"产业是指国民经济中使用相同原材料、相同工艺技术或生产产品用途相同的企业的集合"（龚三乐和夏飞，2018）。

从以上分析可以看出，"产业"一词与"财产"，特别是"私有财产"有密切的联系，或者说"产业"具有通过生产、经营活动追求财富增长的营利性特征。另外，从产业经济学的角度看，"产业"还具有市场化特征，它可以看作是生产同质商品的企业（厂商）的集合，它们在市场化机制下开展竞争。"产业"是一个动态的概念，它产生于社会分工，随着社会分工的不断细化，其内在结构和包含的内容将不断发生变化。目前，凡是具有投入产出活动的部门都可以列入产业的范畴，不仅包括生产部门，还包括流通部门、服务部门、信息技术部门、文化教育部门等。当这类产品或服务由市场提供时，我们称为"产业"，产业具有商品性、竞争性和逐利性的特征（韩淑娟和谭克俭，2017）。

2. 康养产业内涵与外延的理解要点

根据"产业"的内涵，对于以上康养产业内涵与外延的理解应注意以下要点。

首先，康养产业的内涵与外延涉及广义与狭义之分，在进行理论研究时应进行说明。产业具有商品性、竞争性和逐利性的特征，因此，如果从狭义上对"康养产业"进行界定，就只能包括其提供私人产品的部分，不能包括提供公共产品的部分。广义上既包括提供私人产品的部分，也包括提供公共产品的部分。或者说，狭义上只包括"产业"部分，不包括"事业"部分。广义上包括"产业"和"事业"两部分。

其次，康养产业的内涵与外延是动态变化的，对其进行界定应在特定的背景下作出。"康养产业"是以生命科学技术的发展为依托，随着人们收入水平的提高、"健康理念"的形成，衍生出来的全新的产业概念。从国际上看，康养产业仍然处于初级发展阶段。随着生命科学技术的发展、人们收入水平的提高、人们"健康理念"的转变，康养产业的内涵与外延也必将经历一个持续的动态变化过程。因此，对于"康养产业"内涵与外延的把握，应在当时特定的时代背景、技术发展背景、收入背景和健康理念背景下作出。

再次，各国在产业分类方面，在应用三次产业分类的前提下，具体划分标准并不一致，产生了国家标准分类法。各国对于康养产业的统计分类，也处于不断完善的过程中。在我国，根据《健康产业统计分类（2019）》，健康产业的统计涵盖一二三产业中的相关内容；根据《养老产业统计分类（2020）》，养老产业的统计涵盖二三产业中的相关内容。对比不同国家在康养产业统计分类方面的差异，关注主要国家康养产业统计分类的最新变化，不仅有利于我们更准确地计算不同国家康养产业的发展规模，更好地开展国际比较，更有利于加强对康养产业内涵与外延的深层理解。

最后，产业是社会分工的产物，并且随着社会分工的不断深化呈现不断细化的发展趋势。对于康养产业内涵与外延的理解，要立足于社会分工现状，理解其作为一种特殊的产业形态出现的必然性，认识其作为一种新兴产业在整个国民经济中的特殊地位与作用；另外，以社会分工不断深化的发展趋势为指导，理解康养产业的产业生命周期特征与发展变化规律。随着社会分工的不断深化，康养产业的内涵必将不断丰富，其外延必将不断拓展。

2.3　康养产业的特征属性

通过对现有康养产业文献研究发现，多数学者将康养产业的特征属性主要集中在"生态属性""人文属性"和"产业属性"等9个方面。

1. 生态属性

生态属性是康养产业内生性成因和外在环境因素重要的"基因"。现实中，区域环境的生态属性是康养者选择康养场所的首要考虑因素，越是初始生态系统平衡、保持了地理生态环境的天然性区域，越能够获得康养需求者的青睐。因此，不同区域的生态属性，如气候、空气、水文、田园、湿地、村庄、风动力、山林、旅游资源等得天独厚的自然条件及资源，都对康养产业发展具有强大的推动作用。

2. 人文属性

不同区域特有的人文属性是发展康养产业重要的"软环境"。人文属性对地方经济再造、形象塑造、历史文化认同和康养产品与服务的识别等都具有重要作用，是发展康养产业内在的"灵魂"。在新经济背景下，挖掘区域典型的人文特征，不断关注和挖掘本地"文化"对区域"经济"的影响，推动文化与产业的融合，能为一个区域带来创新动力和城市再造，并推动地方文化产品的生产和消费，带动地区发展和形成一种新的经济形态。

3. 产业属性

产业属性是发展康养产业的"动力"。康养产业的发展是基于区域既有的资源优势和区域市场需求，并从区域整体角度，使康养产业和地方经济之间得以协调协同发展，使康养产业的融合、跨界、转型和创新符合产业的升级需求。

4. 资源属性

资源属性是发展康养产业的"活力"。康养产业要充分发展，需最大化、有效地发挥区域政策资源、经济资源、信息资源、金融资源、技术资源、自然资源、公共资源以及人才资源等资源要素的优势作用。一方面，政策资源对有效利用和整合各类资源有积极的导向作用，避免区域同质竞争，弱化资源差异性导致的发展不平衡；另一方面，通过市场需求和资源配置机制，综合分析各类资源要素间的影响和关系，主动推进产业资源的融合与跨界、转型和升级，并以产业集聚带动人才集聚，提高区域经济发展的活力。

5. 市场属性

市场属性是康养产业发展的"载体"。产业发展不仅经常受资源的约束，而且也受市场的约束。一方面，目前"个性消费"与"服务经济"已成为康养产业的主要表征，康养企业如何通过市场对资源进行合理调配以及寻求资源的最佳流动和组合，深度分析企业生存和发展的痛点难点，找出企业在经营、管理中的应对策略等，都需要企业在市场中寻求答案。另一方面，康养是否能实现产业化，其与宏观、中观和微观市场的发育程度也有密切的联系。高水平的市场发展进程，能更好地促进康养产业赋能模式的构建；低水平的市场发展进程，则意味着其可能依旧是原经济模式的附庸。

6. 创意属性

创意属性是实现康养产业赋能模式的"核心"。从创意发生学角度，它来自对现实事物的创造性把握，在基于创造和创新的认知过程中，对原有模式有量和质的突破，是对现有秩序和结构的重组与整合，并着眼创造新的秩序和新的结构。作为康养产业的创意属性，使它具有在时间维度和形式维度两个方面的不可限制性和创新渐进性。一方面，创意可以使原创、效仿和纯粹模仿之间更有效地结合与整合，并保持不丧失区域创新创造的能力；另一方面，它需要在产业赋能模式的创设过程中，有识别和判断的眼光、洞见的能力、探索的行动和创新的策略。

7. 空间属性

空间属性是康养产业发展的"网络"。产业的专门化发展和区域的全面发展之间存在着动态平衡与协调的关系。空间属性，使区域网络、社会网络、信息网络、交易网络、人力资源网络、组织文化网络以及城市设施网络等交互和升级。一方面，区域需为康养产业的发展提供配套设施和基础建设，增强商业服务、零售业、金融业、娱乐业、建筑业、酒店业、公共机构、研究设计机构等行业企业的协同效应；另一方面，区域空间既要关注主流消费客群，又要不断地在本区域注入新的产业活力和人力资源开发力度，以创造人才集聚环境，增加区域人才多样性和提高人员素质，使之创造更多的人才发展机遇和就业创业机会。

8. 融合属性

融合属性是康养产业未来发展的"热点"。康养产业作为现代服务业的全新业态，是一种典型的复合型产业，覆盖面广、产业链长，能推动旅游、农业、医疗、金融、体育、保险、文化、科技、信息等诸多领域的有机融合，能对上下游众多产业的发展产生强劲的推动作用，具有强大的生命力。区域经济高质量的发展，可以开发各具特色的"康养 +"模式为实践活动，形成个性化、精细化、多元化、高附加值的产品和服务，注入产业发展创造力，延展产业链和价值链，提升产业附加值，打造一个万物和谐的大健康养生体系。

9. 公共属性

康养产业应该是一个面向全民的产业，从年幼到年老，社会各个群体都有必要纳入康养的范畴。康养产品及服务，如公共健康、基本医疗卫生服务、基本养老服务等，这些属于公共服务的范畴。发展康养产业是体现社会主义优越性、实现全面无差别提升全民健康素质的必经之路，关系着国民福祉。因此，康养产业具有公共产业性质。康养产业的发展需要参考公益、公共性产业的发展规律，不能将其简单地交由市场规律来决定。

2.4　康养产业发展的影响因素与政策选择

康养产业诞生、成长、扩张、衰退等不同发展时期都将遵循其规律性，都将需要具备与之相适应的发展条件和环境，也都将采取与之相对应的产业政策和措施。

2.4.1　康养产业发展的影响因素

1. 发展条件的依赖性

对康养产业而言，其发展对资源禀赋、地理位置、基础设施等依赖性较强。康养资源主要包括具有地域特色的物产资源、林草资源、水资源和气候资源等天然资源。依托冰雪资源，东北地区得以发展冰雪康养；依托气候和光热条件，攀枝花力推阳光康养；依托温泉资源，贺州重点发展温泉康养。其他如森林康养、中医药康养和特色农业康养等业态的出现，莫不遵循同样的发展逻辑。随着"健康中国"战略的实施，基础设施条件逐渐改善，康养产业投融资市场日益活跃，我国康养产业迎来了千载难逢的成长时期。按照培植实体经济、推动科技创新、实施金融政策和人力资源扶持的成长型产业发展规律，现阶段我国康养产业发展仅依靠市场的推动作用，而出现政府主导作用缺位的现象。此外，根据比较优势产业理论所提出的"同一产业不同地区存在生产成本差异性"原则，我国康养产业发展需要重视康养资源开发利用的规律性引领，以便实现顶层设计的科学性、资源整合的统一性、产业集群的关联性和产品效益的最大化。

2. 产业要素的完整性

决定产业发展的市场主体、技术力量、资本投入、人才优势等供给水平和商品消费模式、消费市场需求等状况，标志着产业的整体水平和经济影响力。同时康养产业标准化、产品质量检测认证、产业发展评价、产业统计制度等建设水平，也将推动或制约着我国康养产业发展的规范性和引领性。因此，在明确康养产业发展阶段的基础上，充分认识并根据康养产业发展要素组成实施要素提升措施，推动康养产业发展要素诊断的准确性和施策的针对性，从而促进康养产业健康可持续发展。

3. 产业特征的凸显性

康养产业的融合性和康养产品的多样性，涉及人才、技术覆盖领域的广泛性和多样性，影响着康养市场主体承载力的选择和判断，决定着康养产业能否做大和做强。针对康养产业链条的延伸性和关联性，如何处理康养产业发展的康养食品基础性、康养旅游运动核心性、康养文化引领性、康复医疗运动装备制造支柱性等关系，使其形成康养市场供给与消费双向发力建设效果，最终实现市场繁荣发展。随着人们对高品质、高品位生活的需求和康养市场的形成，创新康养产业发展模式，将是康养产业发展内生动力的生动体现，也是康养市场满足国内经济大循环的生命力表现。

4. 产业体系的机制性

康养产业作为成长型产业，政府在土地、金融、资金、人才、税费等方面的政策扶持力度，关乎康养产业发展的快慢。作为市场主体的康养产品生产性服务业，拥有产品关键技术和人力资源实力水平，以及打造康养市场新业态、消费新模式，将决定着我国康养产业竞争力和市场占有率。企业又将根据自身发展定位、资源优势、业务范围和价值链选择，以及满足康养市场某些消费需要而开展生产经营活动。因此，构建政府引导、企业主体、市场化运作的康养产业发展运行机制，将是推动我国康养产业迈向高质量发展的关键。

2.4.2　康养产业发展的政策选择

为进一步加快康养产业的发展，必须进一步加强顶层设计，强化政策引领，构建系统完善、科学规范的制度体系，确保康养产业发展的正确方向，推动康养产业高质量发展。

1. 制定与区域协同发展的康养产业发展规划

康养产业尚处于发展初期阶段，对康养产业的界定不够清晰，缺乏整体的统筹规划，极大制约了康养产业的进一步发展，因此，亟须从国家层面制定康养产业发展规划来发挥政策的导向作用。各地区应以自身发展优势为基础，进行统一规划，制定出符合实际的康养产业发展规划方案，形成特色康养产业。

2. 康养产业的政策推进

康养产业是医疗、养老、旅游、工业、农业、体育等多产业相融合的业态总和，单一的政府部门无法实现康养产业的全面发展，因此，康养产业的发展需要发改委、财政局、税务局、国土局等众多政府部门协同配合，共同发力制定相应的配套扶持政策，促进康养产业全面发展。自 2013 年起中央和地方政府频繁出台支持康养产业发展的利好政策（见表 2-3），尤其是伴随着健康中国行动、老年健康促进行动、乡村振兴战略的全面启动，康养产业建设已被纳入国家发展战略，相关支持包括体系建设、设施布局、产业规划等。在产业形式上，从鼓励社会资本进入、促进多种行业深度融合发展到创新康养市场；在康养归属地上，强调逐渐放开农村市场，鼓励深入发掘农业农村的多种功能和多重价值，为农村康养产业发展提供坚实的政策保障。在市场方面，近年来我国健康养老的消费需求持续攀升，老龄健康产业规模不断扩大，预计到 2030 年我国健康产业和养老产业规模将分别达到 16 万亿元和 22 万亿元（黄鑫，2018）。

表 2 - 3　　　　　　　　我国康养产业政策支持

年份	发文单位	政策名称	政策内容
2013	国务院	《关于加快发展养老服务业的若干意见》	支持社会力量举办养老机构
2014	国家发展改革委等 10 部门	《关于加快推进健康与养老服务工程建设的通知》	放宽市场准入，积极鼓励社会资本投资健康与养老服务工程
2016	中共中央、国务院	《"健康中国 2030"规划纲要》	积极促进健康与养老、旅游、互联网、健身休闲、食品融合，催生健康新产业、新业态、新模式
2017	中共中央、国务院	《关于深入推进农业供给侧结构性改革加快培育农业农村发展新动能的若干意见》	推进农业、林业与旅游、教育、文化、康养等产业深度融合发展
2018	中共中央、国务院	《乡村振兴战略规划（2018—2022 年)》	深入发掘农业农村的生态涵养、休闲观光、文化体验、健康养老等多种功能和多重价值
2019	中共中央、国务院	《关于坚持农业农村优先发展做好"三农"工作的若干意见》	充分发挥乡村资源、生态和文化优势，发展适应城乡居民需要的休闲旅游、餐饮民宿、文化体验、健康养生、养老服务业等产业
2020	中共中央	《关于制定国民经济和社会发展第十四个五年规划和二〇三五年远景目标的建议》	培育养老新业态，构建居家社区机构相协调、医养康养相结合的养老服务体系
2021	农业农村部办公厅、国家乡村振兴局综合司	《社会资本投资农业农村指引（2021 年)》	鼓励社会资本发展休闲农业、乡村旅游、餐饮民宿、创意农业、农耕体验、康养基地等产业
2022	国家卫生健康委等 15 部门	《"十四五"健康老龄化规划》	推动老年健康与养老、养生、文化、旅游、体育、教育等多业态深度融合发展
2022	国务院	《"十四五"国家老龄事业发展和养老服务体系规划》	鼓励企业开发老年特色旅游产品，拓展老年医疗旅游、老年观光旅游、老年乡村旅游等新业态

3. 建立康养产业行业规范制度

康养产业是一个朝阳产业，对行业提供了众多扶持政策，但是产业发展是不是符合预期，是不是符合行业建设规定，也是现阶段需要解决的问题，康养产业想要发展长远，行业规范制度必须健全（张太慧，2019）。因此，一方面，为了确保康养产业的发展质量，使得相关产业的发展能够有标可依，需要建立本地康养产业行业标准，标准中要对康养产业发展相关的术语进行定义，并且对康养产业的服务质量和机构建设提出要求，实现康养产业发展与行业标准化建设有机结合；另一方面，建立健全风险补偿机制和企业征信风控创新平台，只有这样康养产业才能实现健康发展。

2.5　康养产业的研究框架

产业经济学理论、公共经济学理论构成了康养产业研究的经济学理论基础，公共管理中的新公共管理和新公共服务理论构成了康养产业研究的管理学理论基础。本书仅从经济学角度出发，为康养产业研究构建基于产业经济学理论和公共经济学理论的经济学研究框架。

2.5.1　康养产业的产业经济学研究框架

康养产业所从事的经济活动是为了提供具有共同属性（满足健康或养老需求）的产品或服务，这一内涵界定使得"康养产业"从本质上是一种"产业"，属于产业经济学范畴。产业经济学的相关研究方法也完全可以适用于对康养产业的研究，如应用实证研究方法对康养产业的概念体系、构成要素、现象本质、运行规律等开展研究，应用规范研究方法对康养产业政策实施效果进行评价，应用投入产出分析法对康养产业部门与国民经济其他产业部门之间的产业关联开展研究，应用博弈论对康养产业组织结构、市场竞争、政府规制等开展研究，应用经济地理研究法对康养产业的产业布局、产业集聚等开展研究，应用计量经济学等动态研究方法对康养产业的发展规律和演化规律开展研究，等等。

在产业经济学研究方面，哈佛大学迈克尔·波特教授的"钻石模型"被普遍接受。该理论认为，一国特定产业的竞争力取决于以下六个要素：生产要素、需求条件、相关与支持性产业、企业战略与企业结构和同业竞争、机会、政府。其中，前四个要素是关键要素，后两个要素是辅助要素，六个要素之间相互联系、相互影响。研究表明：在产业生命周期的不同阶段，产业竞争力的主导来源不同，产业成长期的竞争力主要来源于企业家的投资和政府的支持（张春香，2018）。康养产业发展时间不长，在产业生命周期方面仍处于成长阶段，因此企业家投资和政府的支持是其竞争力的主要来源。因此，企业家投资和政府支持是康养产业发展的最关键要素，其他关键要素还包括生产要素、需求条件、相关与支持性产业、企业战略与企业结构和同业竞争，辅助要素有一个，即机会。基于以上分析，本书对"钻石模型"进行修正，构建了康养产业的产业经济学研究框架，如图2-3所示。运用该框架可以对某地区康养产业进行纵深分析，首先分析"企业家投资和政府支持"要素，包括激励企业投资等产业政策、对康养产业的宣传力度、地方政府治理能力和营商环境、该地区发展康养产业的环境承载能力等。其次分析其他关键要素，从该地区康养产业自然资源、基础设施、人力资源、资本资源、知识资源等方面分析该地区发展康养产业的"生产要素"；从国内、国外需求分析该地区发展康养产业的"需求条件"；从相关与支持性产业、区域产业集群程度等方面分析"相关与支持性产业"；从该地区康养企业经营水平、竞争情况、发展潜力等方面分析"企业战略、企业结构和同业竞争"。最后从经济发展、政治环境等方面分析该地区发展康养产业面临的"机会"。通过上述对于康养产业发展的多因素综合分析，能够对某地区康养产业发展竞争力作出综合评价，剖析影响该地区康养产业发展的制约因素，对该地区康养产业高质量发展提出有针对性的政策建议。

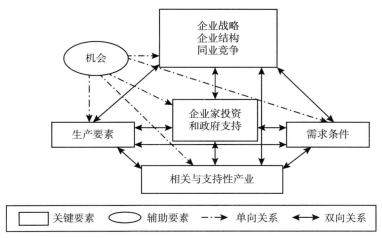

图 2 - 3　康养产业的产业经济学研究框架

上述对于康养产业研究范畴的讨论，没有对其"事业"与"产业"的边界进行区分，因此是一种广义上的概念。

2.5.2　康养产业的公共经济学研究框架

相关研究表明，康养产业具有公共产业性质（程臻宇，2018）。康养产品中的基本产品，可以称为"保障性康养产品"，如公共健康、基本医疗卫生服务、基本养老服务等。"保障性康养产品"涉及人的健康与养老的基本保障，关系到人的最基本的生命尊严。保证全体公民享受到基本的健康和养老服务，是一个国家基本的社会保障问题，决定了一个国家的社会和政治稳定。《"健康中国2030"规划纲要》指出，健康产业发展应遵循"公平公正"原则，"推动健康领域基本公共服务均等化"；《国务院关于加快发展养老服务业的若干意见》指出，养老服务业发展要坚持"保障基本"的原则，"确保人人享有基本养老服务"；2013年颁布的《中华人民共和国老年人权益保障法》规定"国家通过基本养老保险制度，保障老年人的基本生活"。"各级人民政府和有关部门应当将老年医疗卫生服务纳入城乡医疗卫生服务规划，将老年人健康管理和常见病预防等纳入国家基本公共卫生服务项目"。在"健康中国"战略的推进中实现全民健康和全面小康，这是公民权益和国家利益的统一（何传启，2016）。"保障性康养产品"具有受益的非排他性和消费的非竞争性，属于公共服务，即"事业"的范畴，应由政府、或政府与市场共同提供，才能满足全体公民的基本康养需要。

另外，大健康产业面临的是人类对健康无限的需要（金碚，2019）。在"保障性康养产品"的基础上，人们还要追求更高层次的、更多元化的、更个性化的康养产品，可以称为"改善性康养产品"。对于"改善性康养产品"，消费者需要支付相应的对价才能获得产品或服务，供应者通过产品和服务供给获得相应的经营利润。因此，"改善性康养产品"具有受益的排他性和消费的竞争性，其产品具有显著的市场性特征，应以市场需求为导向，让市场机制在产品供给中发挥主导作用。

相应地，提供"保障性康养产品"的经济活动属于"保障性康养产业"或"康养事业"的范畴，具体又分为"健康事业"和"养老事业"；提供"改善性康养产品"的经济活动属于"改善性康养产业"或狭义的"康养产业"的范畴，具体又分为狭义的"健康产业"和狭义的"养老产业"。

既然"保障性康养产业"所提供的"保障性康养产品"属于公共产品的范畴，就可以应用公共产品理论对其开展研究。公共经济学的相关研究方法也可以适用于对保障性康养产业的研究，如应用实证研究方法对保障性康养产品的内涵、外延、特征、供给机制、需求机制等开展研究，应用规范研究方法对保障性康养产品供给和分配的效率性及公平性进行评价，应用投入产出分析法对公共健康、基本医疗卫生服务、基本养老服务与国民经济其他产业部门之间的产业关联开展研究，应用计量经济学等动态研究方法对保障性康养产业的发展规律和演化规律开展研究，等等。

基于公共经济学理论，可以构建康养产业的公共经济学研究框架，如图2-4所示。运用该框架可以对保障性康养产业进行纵深分析，从产品内涵和产品范围的基础分析，到产业供求机制分析、产业运行效率和运行公平机制分析、产业政策的评价和激励机制分析，等等。

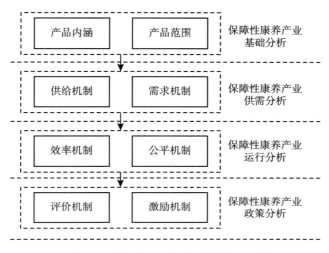

图 2 - 4　康养产业的公共经济学研究框架

2.6　基于公共产品理论的康养产品属性分析

　　公共产品理论是公共经济学的重要内容，它将社会上的产品区分为三类：公共产品、私人产品和准公共产品。"公共产品"具有非排他性和非竞争性。其消费者不需要付费，使得消费者存在"搭便车"的激励；其供给者不能对其使用者收费，使得在市场机制条件下，私人部门没有供给公共产品的激励，在自由市场上的供给数量为零，因此它的数量会少于有效数量；公共产品相关的外部性通常是正的，因为一个人得到的来自公共产品的收益不会降低其他人得到的收益，公共产品所带来的社会价值会远大于私人产品的价值。这种情况下，如果适用市场机制就会导致供给不足。政府对供给不足的公共产品有责任提供，或通过政府补贴或优惠政策增加公共产品的供给。"私人产品"具有排他性和竞争性，市场上销售和购买的物品一般是私人产品，市场机制只有在私人产品的配置方面才能发挥作用，才有效率。"准公共产品"是介于公共产品和私人产品之间的产品，它在消费和使用上具有竞争性和排他性，但竞争性和排他性均不够充分，不能完全避免"免费搭车"的存在。因此，市场机制的作用受到很大限制，需要政府适度地干预（张弘力和矫正中，2001）。

基于公共产品理论，结合康养产品的性质与特点，可将康养产品分为"保障性康养产品"和"改善性康养产品"，两种不同的康养产品分别具有不同的产品属性。

2.6.1 保障性康养产品具有受益的非排他性和消费的非竞争性

康养产业是一个面向全民的产业，保障性康养产品指康养产品中的基本产品，如公共健康、基本医疗卫生服务、基本养老服务等。这些基本康养产品属于公共服务的范畴，具有很强的正外部性，涉及对人的健康与养老的基本保障问题，涉及人的生命的意义和基本的尊严，因此属于民生范畴，应坚持公益性原则，使得全体公民都能平等地享受到保障性康养产品。保证全体公民享受到基本的、保障性的康养服务，体现了我国社会主义制度的优越性，关系到我国整体性的国民福祉。

因此，保障性康养产品具有受益的非排他性和消费的非竞争性。康养产业具有公共产业性质（程臻宇，2018）。

2.6.2 改善性康养产品具有受益的排他性和消费的竞争性

对于收入较高的人群，在基本康养产品的基础上，还要追求更高层次的、更多元化的、更个性化的康养产品，这就需要改善性康养产品，如健康旅游服务、养生保健服务、长期护理服务、健康食品、保健品、健康保险等。

保障性康养产品属于公共产品，涉及健康事业、养老事业的范畴，应该由政府、或政府与市场共同提供；改善性康养产品属于私人产品，涉及健康产业、养老产业的范畴，应该由市场提供。总之，康养产业兼具公益性与市场性，具有准公共性特征，其产品的提供应由政府与市场共同发挥作用。

2.7　本章小结

本章对康养产业开展了理论研究。首先，对康养产业的研究范畴、内涵与外延进行了界定。通过对于国内外相关研究成果进行梳理，将"康养产业"与"健康产业""养老产业""老龄产业""养生产业"等概念进行比较，认为在"大健康观"被普遍接受的背景下，应将"康养产业"理解为包含"大健康产业"与"养老产业"两部分，并进一步对"康养产业"的内涵与外延进行了界定。在此基础上，提出理解康养产业内涵与外延应注意的四个方面的要点。其次，对于康养产业的特征属性、影响因素和政策进行了分析，提出康养产业的产业经济学和公共经济学研究框架。产业经济学研究框架为康养产业研究构建了一个产业发展多因素分析框架，公共经济学研究框架将康养产业分为保障性康养产业和改善性康养产业，为保障性康养产业研究构建了"产品内涵与范围—产业供给与需求机制—产业运行的效率与公平机制—产业政策的评价与激励机制"的分析框架。最后，分析了康养产品的两种分类及其属性特征。保障性康养产品具有受益的非排他性和消费的非竞争性，保障性康养产品应由政府、或政府与市场共同提供；改善性康养产品具有受益的排他性和消费的竞争性，改善性康养产品具有显著的市场性特征，应以市场需求为导向，让市场机制发挥主导作用。

第3章 康养产业发展的理论基础

3.1 康养产业发展的内部理论分析

健康是人类全面发展的重要基础和必要条件，养老则是当前我国最重要的社会热点之一。作为现代服务业的重要组成部分，康养产业已经逐步发展成一个新兴的战略性支柱产业。康养产业的发展离不开内部理论的支撑，本节将分析康养产业发展的内部理论，具体是对产业发展理论、产业集群理论、产业融合理论以及产业结构优化理论进行分析。

3.1.1 产业发展理论

1. 产业发展理论提出的背景

产业发展理论始于 18 世纪四五十年代，最先由科林·克拉克（C Clark）于 1940 年在威廉·配第（William Petty）关于国民收入与劳动力流动之间关系学说的基础上提出结构演变理论。经过产业经济的发展，亚当·斯密和大卫·李嘉图分别在《国富论》以及《政治经济学及赋税原理》中阐述，在结构演变理论的基础上形成区域分工理论。钱纳里的"标准结构"理论以及德国经济学家霍夫曼通过对当时近 20 个国家的时间序列数据的统计分析提出著名的"霍夫曼定理"，将区域分工理论发展为发展阶段理论。经过这三个主要阶段，产业发展理论便逐步走向成熟的阶段。

"产业发展"从严格意义上说并不包含在现代西方产业经济学中，在西方产业经济学中没有"产业发展"这个词，他们产业经济学的研究内容就是产业组织（industrial organization，IO）。"产业发展（industrial development）"的概念实际上最早出现在发展经济学中。19 世纪六七十年代发展经济学非常红火，因为当时有一些后起的国家，比如日本、韩国等，用 10～20 年的时间就进入到发达国家的行列，这自然引发了经济学家非常大的兴趣，纷纷开始研究后起国家跨越式经济发展及其背后的原因，希望找到经济学规律。因此，产业发展理论在全世界范围逐渐建立起来。

2. 产业发展理论的内容

产业发展理论主要是研究发展规律的理论，包括产业发展周期、资源配置、产业专业、影响产业发展的因素、产业政策等内容。产业发展理论是由诸多经济学理论发展形成的，其中有影响力的理论主要是结构演变理论、区位分工理论和发展阶段理论等。产业发展理论中的产业发展具有阶段性，不同的解读呈现出不同的发展规律，即使是同一产业在不同时期其发展规律也不尽相同。产业发展规律主要是指一个产业的诞生、成长、扩张、衰退、淘汰的各个发展阶段需要具备一些怎样的条件和环境，从而应该采取怎样的政策措施。例如，一个新兴产业的诞生往往是由某项新发明、新创造开始的，而新的发明、新的创造又有赖于政府和企业对研究和开发支持的政策和战略。一个产业在其不同发展阶段会呈现出相互区别的发展规律，同时，处于同一发展阶段不同产业的发展规律也有所区分。所以，只有深入研究产业发展规律才能增强产业发展的竞争能力，才能更好地促进产业的发展，进而促进整个国民经济的发展。

产业的发展主要是产业的产生、成长及其进化的过程，其中产业的进化过程核心就是产业的结构的变化过程。产业发展理论认为每个产业都有自己的产生、发展到衰退的过程，都是具有一定的生命周期的。这样的生命周期大致可以被划分为四个阶段，即投入期、成长期、成熟期和衰退期（马娅，2021）。当前市场上出现的新兴产业其实可以被视为处在成长期阶段的产业，这些产业往往对于产业结构的优化具有巨大的作用力。新兴产业之所以能够具有如此大的影响与作用，其实正是因为其创造并满足新的社会需求，新兴产业的出现就是产业结构不断演变的结果，也是产业优化升级的必然选择。

3. 产业发展理论的意义

（1）制定发展策略。产业发展理论是具有阶段性的理论，无论是不同阶段的产业发展还是同一阶段的不同产业发展其都具有自身的特殊性，对这一理论的研究有利于政府决策部门根据不同时期其发展情况制定不同的政策措施，也有利于企业根据这些发展规律采取相应的发展策略。

（2）实现产业集群与产业融合。产业发展能实现产业集群、产业融合并促进产业可持续发展等（张太慧，2019）。研究康养产业发展的问题，需要基于产业发展理论进行产业发展设计，在具体设计过程中，考虑产业发展规律和产业发展趋势，特别是注意产业集群的打造和产业融合的促进，只有符合产业发展理论才能更好地促进产业发展，进而有利于产业实现可持续发展。

（3）产生多种经济社会效益。产业发展理论可以实现全面促进消费顺应消费升级趋势，提升传统消费，培育新型消费，促进消费向绿色、健康、安全发展，鼓励消费新模式新业态发展，有利于实现更加充分更高质量就业，居民收入增长和经济增长基本同步。

3.1.2　产业集群理论

1. 产业集群理论提出的背景

产业集群理论是 20 世纪 20 年代出现的一种西方经济理论。1990 年迈克·波特在《国家竞争优势》一书中首先提出用产业集群（industrial cluster）一词对集群现象进行分析，肯定了产业集群的地理集聚性特征，也强调了产业集群内企业和关联机构间的竞争与合作，得到了业界的普遍认可。波特创立的产业集群理论主要是在亚当·斯密的分工协作理论、马歇尔的规模经济理论、韦伯的区位论、佩鲁的增长极理论和新产业区位理论等基础上提出的（贾盈盈，2016）。波特通过对 10 个工业化国家的考察发现，产业集群是工业化过程中的普遍现象，在所有发达的经济体中，都可以明显看到各种产业集群。

2. 产业集群理论的内容

产业集群是指在特定区域中，具有竞争与合作关系，且在地理上集中，有交互关联性的企业、专业化供应商、服务供应商、金融机构、相关产业的厂商及其他相关机构等组成的群体。不同产业集群的纵深程度和复杂性相异，代表着介于市场和等级制之间的一种新的空间经济组织形式。

许多产业集群还包括由于延伸而涉及的销售渠道、顾客、辅助产品制造商、专业化基础设施供应商等，政府及其他提供专业化培训、信息、研究开发、标准制定等的机构，以及同业公会和其他相关的民间团体。

因此，产业集群超越了一般产业范畴，形成特定地理范围内多个产业相互融合、众多类型机构相互联结的共生体，构成这一区域特色的竞争优势。产业集群发展状况已经成为考察一个经济体，或其中某个区域和地区发展水平的重要指标。

从产业结构和产品结构的角度看，产业集群实际上是某种产品的加工深度和产业链的延伸，在一定意义上，是产业结构的调整和优化升级。

从产业组织的角度看，产业集群实际上是在一定区域内某个企业或大公司、大企业集团的纵向一体化的发展。

如果将产业结构和产业组织二者结合起来看，产业集群实际上是指产业成群、围成一圈集聚发展的意思，也就是说在一定的地区内或地区间形成的某种产业链或某些产业链。

产业集群的核心是在一定空间范围内产业的高集中度，这有利于降低企业的制度成本（包括生产成本、交换成本），提高规模经济效益和范围经济效益，提升产业和企业的市场竞争力。

3. 产业集群理论的意义

产业集群的意义主要集中在对产业集群的机理、技术创新、组织创新、社会资本以及经济增长与产业集群的关系、基于产业集群的产业政策和实证意义方面。

（1）发挥规模效应。集群区域内企业数量众多，从单个企业来看，规模也许并不大，但集群区内的企业彼此实行高度的分工协作，生产效率极高，产品不断出口到区域外的市场，从而使整个产业集群获得一种规模经济。康养产业通过与其他外部企业分工合作，如服务系统与互联网产业合作、医疗系统与医养服务产业合作、餐饮系统与食品产业合作等，这样不仅能提升康养产业的口碑，还能为外部产业带来一定的经济来源，形成外部经济效应。

（2）节约空间交易成本。空间交易成本包括运输成本、信息成本、寻找成本以及和约的谈判成本与执行成本。根据产业集群理论，产业集群内的企业生产的产品同类异质，因而在原材料采购、产品生产方式、营销模式等方面，都会表现出极大的协同性。任何一个集群内企业与外部发生交易的关系或范式，都可能作为范本被集群内其他企业在交易中借鉴。企业获取的商业信息的扩散和共享，可以有效避免集群内其他企业获取相关信息的重复行为，这些都有利于空间交易成本的节约。

（3）激发学习与创新效应。产业集群是培育企业学习能力与创新能力的温床。企业彼此接近，存在激烈竞争的压力，为适应发展需要，满足顾客的需求，迫使企业不断进行技术创新和组织管理创新。一家企业的知识创新很容易外溢到产业集群中的其他企业中，实现在产业集群圈内的相互学习，推动创新。这种创新的外部效应是产业集群获得竞争优势的一个重要原因。此外，产业集群也刺激了企业家培育新企业。康养产业在产业集群中不断学习其他产业的技术、服务、管理等，将这些学到的内容转化为企业发展的动力，从而提升企业的创新力和竞争力。

产业集群对康养产业所带来的意义除上述三点外，产业集群的形成还能为地区产业带来多种有利效应，如外部效应、区域品牌效应、合作竞争效应等，这表明在康养产业发展过程中应该通过产业集群的打造，形成区域康养品牌，发挥规模效应、学习与创新效应、外部效应等，促进康养产业快速发展，从而获得更大的产业发展效益。

3.1.3　产业融合理论

1. 产业融合理论提出的背景

产业融合研究最早于 1713 年由英国学者威廉·德汉在讨论光线的汇聚与发散中首次提出，随后扩展到气象学、生物学等众多领域（刘战豫等，2019）。随着工业革命的爆发，生产力和生产关系出现了重大变革，在计算机及网络技术中出现了产业融合的相关概念。1977 年法勃和巴冉（Farber & Baran）提出了计算和通信系统的融合。1978 年麻省理工学院尼古拉斯·尼葛洛庞帝（Nicholas Negroponte）用计算机业、出版印刷业和广播电影业的圆圈相互重叠交叉进而趋于融合的过程展示了三大板块预见性合并，并预测核心重叠部分将成为发展最快的创新领域。随后哥伦比亚公司主席威廉·帕雷（William Paley）在广播年会上阐述了新闻信息传播机制融合带来的新变革。1983 年伊契尔·索勒·普尔（Ithiel De Sola Pool）提出传播形态聚合电子技术把所有的传播形态融入一个系统之中。之后关于产业融合的研究层出不穷，国际上伴随"一带一路"倡议的不断推进，国内伴随供给侧结构性改革的不断深化，产业融合出现了众多的变化（薛金霞和曹冲，2019）。

2. 产业融合理论的内容

产业融合理论的内容研究最开始是从技术视角展开，是对美国机器工具产业演化的研究中发现同一技术向不同产业扩散的现象，并把这种现象定义为"技术融合"。此后，又从产品视角出发，将产业融合定义为"采用数字技术后原来各自独立产品的整合"。还有从产业视角展开研究，将产业融合理论的内容定义为"通过技术创新和放宽限制来降低行业间的壁垒，加强行业企业间的竞争合作关系"。欧洲委员会的《绿皮书》则称"产业融合是技术网络平台、市场和产业联盟与合并三个角度的融合"，该定义的出现使得产业融合的内涵得到了拓展性的表述。《绿皮书》对相关产业融合管制问题的提及也使得"产业融合"这一定义更加有意义和具有综合性。

此外，随着社会的发展进步，产业融合理论的内容不断得到丰富与发展。从产业融合的现象和本质角度出发，产业融合就是以数字融合为基础、适应产业增长而发生的产业边界的收缩或消失。从产业发展的角度出发，将产业融合理论概括为产业融合是指不同产业或同一产业内的不同行业通过相互渗透、相互交叉最终融为一体逐步形成新产业的动态发展过程，其特征在于新的产业或新的增长点等融合的结果的出现。

综上所述，通过深入探索和发掘，产业融合理论的内容逐步走向完善，本书将产业融合理论的内容概括如下：由于技术进步和管制的放松，发生在产业边界和交叉处的技术融合在经过不同产业或行业之间的业务、组织、管理和市场的资源整合后，改变了原有产业产品和市场需求的特征，导致产业内的企业之间竞争合作关系发生改变，进而导致产业界限的模糊化甚至重划产业界限。

3. 产业融合理论的意义

产业之间的高速融合带来了产业边界的快速消失，迫使企业不断改变新技术，寻找新顾客群体，满足新的消费需求。因此对经济增长、战略革新都有不可忽视的影响（陈雪钧和李莉，2021）。

（1）产业创新和经济增长的主要动力。伴随技术的不断溢出，企业乃至国家都需要进行战略规划，采取必要的行动，减缓经济环境的不确定性，助推经济增长，但是同时也会导致新市场进入者的爆炸性增长，容易造成市场不均衡，企业不断死亡、聚拢，以此来增加市场活力，助推经济增长。康养产业并不能单独发展，在市场经济体制下，康养产业与其他产业（如旅游业、医疗卫生业、服务业等）融合发展，能够为各产业实现创新发展，为推动地区经济增长提供不竭动力。

（2）产业转型和结构调整的重要手段。产业融合无论在单个企业还是在整个行业都会产生重要的影响，在微观方面可以提高一个企业的效率，宏观上可以改变一个行业甚至一个国家的产业结构和经济增长方式。产业融合是传统行业创新发展的重要手段。传统的康养产业已经无法适应新时代下的经济发展形势，唯有通过寻找产业融合发展的"公约数"，才能找到康养产业发展的"瓶颈"，从内外部共同发力，推动康养产业转型发展，实现经济结构有效调整。

（3）降低成本和提高效率的有效途径。模糊的产业边界为跨学科研究提供越来越多的可能性，甚至形成了许多新型学科和新型的商业领域，这一趋势为提高公用资产的利用率提供了可能，有利于降低成本和提高效率。产业融合不仅能够破除康养产业之间发展的技术壁垒，还能最大限度地实现规模效应，使得康养产业能够随时而变、随事而新，调整自身产业结构，在社会发展过程中实现产业转型，不断提升产业竞争力。另外，当今社会产业融合已经不仅是一种发展趋势，更是一种现实选择，因为产业融合有助于促进产业创新、塑造市场结构、提升消费、优化资源配置、提升产业竞争力、促进就业增加和人力资本发展、提高产业整体发展效益、推动区域经济一体化等，对产业发展和经济增长具有非常重要的作用。康养产业是一个涉及诸多领域的综合性产业，对其他产业能起到带动作用。因此，与其他产业融合是其发展的必然趋势和现实选择。

3.1.4　产业结构优化理论

1. 产业结构优化理论提出的背景

重农学派的创始人魁奈分别于 1758 年和 1766 年发表了重要论著《经济表》和《经济表分析》。他根据自己创立的"纯产品"学说，提出了关于社会阶级结构的划分。之后，亚当·斯密在《国富论》中虽未明确提出产业结构（industrial structure）概念，但从产业部门、产业发展及资本投入应遵循农工批零商业的顺序对产业结构优化理论进行了初探。工业革命前夕，重商主义阻碍工业进步的局限性和商业繁荣的虚假性已暴露出来。就此而论，魁奈及亚当·斯密的发现和研究是产业结构优化理论的重要思想来源之一。

20 世纪三四十年代是现代产业结构优化理论的形成时期。这段时期对产业结构优化理论的形成作出突出贡献的主要有日本经济学家赤松要、美国经济学家库兹涅茨和里昂惕夫，以及英国经济学家克拉克等。他们对产业结构优化的研究从最初的实证分析逐步转到理论研究方面，促进了产业结构优化理论的形成。

2. 产业结构优化理论的内容

产业结构优化是指通过产业调整，使各产业实现协调发展，并满足不断增长的社会需求。产业结构优化主要依据产业技术经济关联的客观比例关系，遵循再生产过程比例性需求，促进国民经济各产业间的协调发展，使各产业发展与整个国民经济发展相适应。

产业结构优化理论遵循产业结构演化规律，通过技术进步，使产业结构整体素质和效率向更高层次不断演进，通过政府有关产业政策的调整，影响产业结构变化的供给结构和需求结构，实现资源优化配置，推进产业结构的合理化和高级化发展。

产业结构优化理论主要包括以下内容。

（1）供给结构的优化。供给结构是指在一定价格条件下作为生产要素的资本、劳动力、技术、自然资源等在国民经济各产业间可以供应的比例，以及这种供给关系为联结纽带的产业关联关系。

（2）需求结构的优化。需求结构是指在一定的收入水平条件下政府、企业、家庭或个人所能承担的对各产业产品或服务的需求比例，以及以这种需求为联结纽带的产业关联关系。它包括政府（公共）需求结构、企业需求结构、家庭需求结构或个人需求结构，以及以上各种需求之间的比例关系。

（3）国际贸易结构的优化。国际贸易结构是指国民经济各产业产品或服务的进出口比例，以及以这种进出口关系为联结纽带的产业关联关系。国际贸易结构包括不同产业间的进口结构和出口结构，也包括同一产业间的进出口结构（即进口和出口的比例）。

（4）国际投资结构的优化。国际投资包括本国资本的流出，即本国企业在外国的投资（对外投资），以及外国资本的流入，即外国企业在本国的投资（外国投资或外来投资）。对外投资会导致本国产业的对外转移，外国投资则促使国外产业对内转移。这两方面都会引起国内产业结构的变化。国际投资结构是指对外投资与外国投资的比例结构，以及对外投资在不同产业之间的比例和外国投资在本国不同产业之间的比例及其各种派生的结构指标。产业结构优化也要对国际投资结构进行优化。

3. 产业结构优化理论的意义

产业结构优化的意义主要在于指导产业结构进行优化升级，产业结构优化升级会带来诸多影响。

（1）社会生产技术基础更新的必然前提。社会生产技术在发展中受到政治、经济、文化等因素的影响，对成熟的产业缺乏优化升级的条件，这是由生产力与生产关系、经济基础与上层建筑的矛盾所带来的。现代产业需要进行新技术的开发、引进、应用、扩散，这样才能引起高新技术产业发展和传统产业的更替、改造，这说明产业结构的优化升级是以技术创新为前提的。因此，加强产业结构的优化升级能够实现产业生产技术向着更深更精的方向发展。

（2）增强产业结构转换能力的重要力量。在社会再生产过程中，产业结构协调化使技术有条件不断更新，促进产业结构不断更新并形成新的组合，增强传统产业向现代产业转换的能力，长线产业向短线产业转换的能力，技术含量较低的产业向技术含量较高的产业转换的能力，引起社会生产力发生质的飞跃，实现产业结构优化升级。

（3）提高经济资源配置效率的客观要求。产业结构实质上可以看作是资源转换器。产业结构优化升级是这一资源转换器运转的效率和质量不断得到提升的基础。因此，在产业发展过程中，不断推动产业结构优化升级，使产业发展与社会发展相适应，这不仅能够提高企业的经济效益，还能有利于企业实现对经济资源的更高效的配置。

（4）实现经济增长的重要支撑力量。现代经济增长过程主要取决于产业结构的聚合效益，即产业间和产业内各部门间通过合理关联和组合，使组合后的整体功能大于单个产业或单个部门的功能之和。产业结构优化升级是增强产业聚合效应的重要手段，是支撑经济全面协调可持续发展的重要力量；同时经济增长也为产业结构优化升级提供了相适应的物质基础，有利于实现产业结构优化升级与经济增长的良性循环。

将产业结构优化理论运用在康养产业发展中，一是能推动康养产业结构优化升级，二是能为增强康养产业结构转换能力提供动力，三是能提高康养产业经济资源配置，四是能实现社会经济总体增长。

3.2 康养产业发展的外部理论分析

3.2.1 "六度"理论

1. "六度"理论提出的背景

近年来，我国老龄人口不断增多，同时，越来越多的中青年陷入

"亚健康"状态。中国"老龄化"时代正走向纵深，养老资源的匮乏已经成为一个十分严峻的社会问题。正是这种问题的出现，使得康养产业出现在我们的生活中，其需求量也在逐年增加。在现有康养产业理论基础上，四川省发展康养产业首次提出生态康养的"六个维度"（温度、湿度、高度、优产度、洁净度、绿化度），即"六度"理论，为康养产业理论体系发展提供了新的理论建树。2018 年发布了我国首本康养蓝皮书《中国康养产业发展报告（2017）》总报告《中国康养产业发展现状及趋势分析》，对康养"六度"理论进行了深度阐述，从康养目的、产业属性、资源差异等角度对康养进行了系统分类，提出康养产业"六度"分类，即基于生命长度、基于生命丰度、基于生命自由度、基于关联产业属性的分类、基于资源类型的分类、基于海拔高度的分类。至此，康养产业"六度"理论有了新的发展。

2. "六度"理论的内容

（1）生态康养的"六度"。生态康养产业的基本内核是"以人为本、康养为业"。所谓以人为本，是指生态康养产业的产品是为顾客提供的健康体验服务，它不同于其他普通商品，而是始终以顾客为中心提供差异化、人性化的服务。所谓康养为业，是指把康复疗养、健康养生作为一项产业来进行打造，充分发挥当地特有的生态资源和康养资源，使生态康养产业成为支柱产业。生态康养产业的"以人为本"的特性决定了它高度依赖于优良的生态环境和生活条件，即必须满足三个条件：一是具备有利于增进人体舒适度的居住环境，特别要适合老龄和病弱人群生活；二是要有利于形成健康的饮食习惯和生活方式，改善人体免疫系统；三是要有利于隔绝致病因素，让人置身于安全的生活环境（贾真真等，2019）。从这些条件出发，温度、湿度、高度、优产度、洁净度、绿化度是判断一个地方是否适合发展生态康养产业的六个重要维度，简称"六度"理论。

（2）康养产业的"六度"分类。康养产业就是为社会提供康养产品和服务的各相关产业部门组成的业态总和，涉及国民经济多个部门与行业。然而，根据养护对象、供给方式和市场需求不同，衍生出不同的康养产业类型。以下从基于生命长度、生命丰度、生命自由度等角度对康养进行系统分类。

第一，基于生命长度的分类。从生命的长度来看，人的一生一般要经历孕、婴、幼、少、青、中、老等不同阶段，而在不同生命阶段，人们对康养产品的需求有较大区别。因此，如果依据生命周期对人群进行划分，则康养之于不同年龄群体会有不同的产业分类。

妇孕婴幼康养：是康养产业中新的分支，随着社会和家庭对妇孕婴幼群体重视度的不断提升以及该群体消费转向多元化，妇孕婴幼的健康需求不再局限于医疗保健，更多母婴健康产品服务持续涌现，如产前检测、产后恢复、胎儿早教、小儿推拿、妇幼膳食、益智玩具等其他围绕妇孕婴幼群体的康养产品。

青少年康养：是指为满足青少年群体康养需要的产业集合。因此，针对这一群体的康养供给更多是围绕教育、体育、旅游、美容、养生以及心理咨询等方面展开，如健身赛事、康复医疗、中医药疗养、亚健康防治、美体美容、心理诊疗等相关产品与服务。

中老年康养：由于业界始终将健康和养老视为康养产业的主要组成，且现阶段中国社会加速步入老龄化，因此中老年康养长久以来都集中或等同于养老产业。就现阶段该群体实际需求来看，中老年康养不仅包含养老产业，还包含医疗旅游、慢病管理、健康监测、营养膳食、老年文化等相关产业。

第二，基于生命丰度的分类。康养的基本目的之一是拓展生命的丰度，即实现从物质、心灵到精神等各个层面的健康养护。只有从身体养护开始，进阶到精神养护，才能实现生命丰富度的内向扩展。

基于养身的康养：养身即对身体的养护，保证身体机能不断趋于最佳状态或保持在最佳状态，是目前康养最基本的养护内容和目标（王艺润等，2019），如保健、养生、运动、休闲、旅游等产品或服务，旨在对康养消费者的身体进行养护或锻炼，满足康养消费者身体健康的需要。

基于养心的康养：养心即对心理健康的关注和养护，使康养消费者获得心情放松、心理健康、积极向上的心理体验。因此，养心康养所涉及的产品或产业主要有心理咨询、文化影视、休闲度假等对人心理层面产生影响的产品或服务。

基于养神的康养：养神即对人的思想、信仰、价值观念等精神层面的养护，旨在保证个人精神世界的健康和安逸。基于养神的康养业具体涉及的内容主要有安神养神产品、宗教旅游、艺术鉴赏与收藏服务以及禅修服务等。

第三，基于生命自由度的分类。基于个体健康状况，一般把人群分为健康、亚健康和病患三类。健康群体重保养、亚健康群体重疗养、病患群体则重医养（孙悦文和吕振华，2019）。因此，从康养的本质来说，不同健康程度的人群都有康养需求。但目前我们关注的更多是亚健康人群，同时将患病人群归为医疗服务对象，而健康人群则尚无对应康养概念。

健康状态的保养：健康人群的康养需求集中在对身心的保养上，即通过健康运动、休息睡眠以及其他心理和精神方面的康养行为等保持身心健康状态。基于健康人群的康养业主要集中在体育、健身、休闲、旅游以及文教和影视等。

亚健康状态的疗养：亚健康人群是目前康养产业最关注的人群之一，对应的康养业主要集中在健康监测、疾病防治、保健康复等行业。如中医养生、保健品、康复运动、心理咨询、休闲旅游等，都是亚健康人群疗养类康养产业的主要构成。

临床状态的医养：病患人群医养是目前康养产业最成熟的构成，涉及行业主要集中在以下三个层面：一是诊疗、医护等医疗服务业；二是生物、化学制药等药物制造加工业；三是医疗器械、电子设备等装备制造业。

第四，基于关联产业属性的分类。根据康养产品和服务在生产过程中所投入生产要素的不同，将康养产业分为康养农业、康养制造业和康养服务业三大类。作为新型现代服务业，服务型产品是主要构成。

康养农业是指所提供的产品和服务主要以健康农产品、农业风光为基础和元素，或者是具有康养属性、为康养产业提供生产原材料的农、林、牧、渔业等融合业态。如果蔬种植、农业观光、乡村休闲等（王建梅等，2021）。康养农业主要以农业生产为主，满足消费者有关生态康养产品和体验的需要。

康养制造业泛指为康养产品和服务提供生产加工服务的产业。根据加工制造产品属性的不同又可以分为：康养药业与食品，如各类药物、保健品等；康养装备制造业，如医疗器械、辅助设备、养老设备等；康养智能制造业，如可穿戴医疗设备、移动检测设备等。

康养服务业主要由健康服务、养老服务和养生服务组成。健康服务包括医疗卫生服务、康复理疗、护理服务等；养老服务包括看护服务、社区养老服务、养老金融服务等；养生服务包括美体美容、养生旅游、健康咨询等。

第五，基于资源类型的分类。康养产业是资源依赖性很强的产业，各类康养需求的实现必须结合优质的自然资源或产业资源。因此，根据自然资源的不同可将康养产业分为不同类型。

森林康养是以空气清新、环境优美的森林资源为依托，包括森林游憩、度假、疗养、运动、教育、养生、养老以及食疗（补）等多种业态。

气候康养以地区或季节性宜人的自然气候（如阳光、温度等）条件为康养资源，在满足康养消费者对特殊环境气候的需求的同时，配套各种健康、养老、养生、度假等相关产品和服务，形成的综合性气候康养产业。

海洋康养主要以海水、沙滩、海洋食物等海洋资源为依托，建设形成的海水和沙滩理疗、海上运动、海底科普旅游、海边度假、海洋美食等产业。

温泉康养，因大多数温泉本身具有保健和疗养功能，因此是传统康养旅游中最重要的资源。现代温泉康养已经从传统的温泉汤浴拓展到温泉度假、温泉养生，以及结合中医药、健康疗法等其他资源形成的温泉理疗等（潘雅芳和王玲，2020）。

中医药康养以传统中医、中草药和中医疗法为核心资源形成的一系列业态集合，主要有中医养生馆、针灸推拿体验馆、中医药调理产品，以及结合太极文化和道家文化形成的修学、养生、体验旅游等。

第六，基于海拔高度的分类。基于地区海拔高度差异可以将康养产业分为高原康养、山地康养、丘陵康养和平原康养。

高原康养是基于空间特征的康养分类中被关注最多的概念之一。由于高原独有的气候特征和自然风光，往往成为人们旅行的向往之地；又因高原地区的自然和文化等保存相对完整，因此形成了以旅游休闲、高原食品、宗教文化以及民族医药等为主打产品的康养业态。

山地康养针对户外运动爱好者以及静心养性者呈现一动一静的形态，主要包括登山、攀岩、徒步、户外生存、山地赛车，以及户外瑜伽、山地度假、禅修活动等业态。

丘陵康养主要集中在丘陵规模较大和景观较好的地区，由于丘陵特殊的景观和生态环境，其康养主要以农产品种植、药材生产、生态体验等为主。

平原康养主要集中在农业发达地区，以绿色果蔬种植、保健食品加工为主要业态。

3. "六度"理论的意义

（1）实现康养产业多维度发展的需要。在传统康养产业需要方面，人们的追求聚焦于生命的长度，考虑的是如何通过康养将我们的生命扩宽。"六度"理论为人们提供了更加多元化、多维度的康养需求，人们从生命长度的关注开始转向拓展生命的丰度和自由度等。生命的长度、丰度、自由度等多位一体，是有机联系、循序渐进的关系。因此在产业发展初期，康养离不开"医"，医疗是康养的基础，"医养结合"是康养的基本要求，医养结合的康养发展方式激发了多维度的康养产业需要，从而扩大了人们对康养的需求。

（2）有利于实现资源的异地供给。与传统产业不同，例如制造业，产品从集中制造地到需求地，两端存在漫长的距离。然而，康养被认为是可以轻松实现远距离异地供给的产业。对于资源禀赋较好的地区，可通过良好的产业形态满足异地康养需求。比如现在康养发展比较好的地方，当地资源禀赋好，但是当地康养需求不足，本地人没有多少康养消费的能力和动机，主要是满足了异地康养需求。这刚好契合了"绿水青山就是金山银山"这一理念，康养产业为许多欠发达地区带来了更多发展机会。因此，康养产业贯彻"六度"理论，能够将自身异地供给的优势发挥到最大。

3.2.2 可持续发展理论

1. 可持续发展理论提出的背景

伴随人口、环境与发展问题越来越引起全世界的关注，可持续发展问题成为制约各国发展的全球性问题，可持续发展理论应运而生。可持续发展理论是20世纪80年代提出的一个新的发展观，它的提出是应时代的变迁、社会经济发展的需要而产生的。1989年5月举行的第15届联合国环境署理事会期间，经过反复磋商，通过了《关于可持续发展的声明》。中国于1991年6月发起并在北京召开了发展中国家环境发展部长级会议，联合国也于1992年6月在巴西里约热内卢召开了环境与发展首脑会议，通过了《里约环境与发展宣言》《21世纪议程》等重要文件，中国政府出席会议并作出了履行《21世纪议程》等文件的承诺。

为了履行中国对世界可持续发展所作出的承诺，由国家计委、国家科委等国务院52个部门共同编制了《中国21世纪议程》。它从中国国情和基本战略出发，提出促进经济、社会、资源、环境及人口、教育相互协调、可持续发展的总体战略和有关政策、措施方案。可持续发展战略成为中国制定国民经济和社会发展计划的重要指导原则。

2. 可持续发展理论的内容

在具体内容方面，可持续发展涉及可持续经济、可持续生态和可持续社会三方面的协调统一，要求人类在发展中讲究经济效率、关注生态和谐和追求社会公平，最终达到人的全面发展。这表明，可持续发展虽然缘起于环境保护问题，但作为一个指导人类走向 21 世纪的发展理论，它已经超越了单纯的环境保护。它将环境问题与发展问题有机地结合起来，已经成为一个有关社会经济发展的全面性战略，具体包括以下内容。

（1）经济可持续发展。可持续发展鼓励经济增长而不是以环境保护为名取消经济增长，因为经济发展是国家实力和社会财富的基础。但可持续发展不仅重视经济增长的数量，更追求经济发展的质量。可持续发展要求改变传统的以"高投入、高消耗、高污染"为特征的生产模式和消费模式，提倡清洁生产和文明消费，以提高经济效益、节约资源和减少废物。在某种角度上，可以说集约型的经济增长方式就是可持续发展在经济方面的体现。

（2）生态可持续发展。可持续发展要求经济建设和社会发展要与自然承载能力相协调。发展的同时必须保护和改善地球的生态环境，保证以可持续的方式使用自然资源和环境成本，把人类的发展控制在地球承载能力之内。因此，可持续发展强调了发展是有限制的，没有限制就没有发展的持续。生态可持续发展同样强调环境保护，但不同于以往将环境保护与社会发展对立的做法，可持续发展要求通过转变发展模式，从人类发展的源头、从根本上解决环境问题。

（3）社会可持续发展。可持续发展强调社会公平是环境保护得以实现的机制和目标。可持续发展指出世界各国的发展阶段可以不同，发展的具体目标可以各不相同，但发展的本质应包括改善人类生活质量，提高人类健康水平，创造一个保障人们平等、自由、教育、人权和免受暴力的社会环境。也就是说，在人类可持续发展系统中，生态可持续是基础，经济可持续是条件，社会可持续才是目的。下一世纪人类应该共同追求的是以人为本位的自然—经济—社会复合系统的持续、稳定、健康发展。

作为一个具有强大综合性和交叉性的研究领域，可持续发展涉及众多的学科，可以有不同重点的展开。例如，生态学家着重从自然方面把握可持续发展，认为可持续发展是不超越环境系统更新能力的人类社会的发展；经济学家着重从经济方面把握可持续发展，认为可持续发展是在保证自然资源质量及其持久供应能力的前提下，使经济增长的净利益增加到最大限度；社会学家从社会角度把握可持续发展，认为可持续发展是在不超出维持生态系统涵容能力的情况下，尽可能地改善人类的生活品质；科技工作者则更多地从技术角度把握可持续发展，认为可持续发展是建立极少产生废料和污染物的绿色工艺或技术系统。

3. 可持续发展理论的意义

（1）可持续发展是既满足当代人的需求，又不损害后代人满足其需求的发展。可持续发展坚持以人为本，是全面、协调、可持续的科学发展观，能够正确处理好人口、资源、环境之间的关系，有利于我国可持续发展能力不断增强，生态环境得到改善，资源利用效率显著提高，促进人与自然的协调，推动整个社会走上生产发展、生活富裕、生态良好的文明和谐发展道路。

（2）实施可持续发展战略，有利于促进生态效益、经济效益和社会效益的统一；有利于促进经济增长方式由粗放型向集约型转变，使经济发展与人口、资源、环境相协调；有利于国民经济持续、稳定、健康发展，提高人民的生活水平和质量。从注重眼前利益、局部利益的发展转向长期利益、整体利益的发展，从物质资源推动型的发展转向非物质资源或信息资源（科技与知识）推动型的发展。目前，我国自然资源短缺、经济发展的资源环境约束趋紧，只有节约资源、保护环境，才能实现社会和经济的良性循环，实现可持续发展。

（3）将可持续发展理论运用到康养产业发展过程中，不仅能够促进康养产业的生态、经济和社会效应相统一，还能推动康养产业向着长远出发，实现产业发展的良性循环。

3.2.3　新结构经济学理论

1. 新结构经济学理论提出的背景

新结构经济学由现任北京大学新结构经济学研究院院长林毅夫教授首创。发展中国家如何实现经济持续快速的增长，并缩小与发达国家的经济差距甚至实现对发达国家的赶超，是发展经济学研究的一项重要内容。

国际上关于发展中国家这方面的经济实践，主要是依据新古典经济学的理论为基础进行的，认为发展中国家应该进行市场化、私有化改革，主张自由放任的市场经济，反对政府对经济的干预。但拉美国家按照主流经济学实行的新自由主义政策——"华盛顿共识"，造成拉美国家产生了很多社会问题，甚至产生严重的社会动荡，已经被实践证明是不完善的。

中国的经济改革是按照邓小平"摸着石头过河"的办法进行的，没有完全按照西方主流经济学理论进行改革，走出了一条中国自己的道路，保持了经济四十多年的高速增长，被称为"中国奇迹"，形成了"北京共识"。但中国在这种奇迹般的发展过程中也产生了很多社会问题和经济问题，目前再也不能按照"摸着石头过河"的方式操作，而且"北京共识"的实践经验与主流经济学理论的矛盾引发了很多争议，这就迫切需要有新的理论来指导中国下一步的改革。

另外，2008 年全球金融危机爆发，主流经济学界既没有作出很好的预测，也几乎没有什么好的建议去解决危机，这使得人们自然而然地转向了凯恩斯主义政府干预的思想。一些经济学家对主流经济学的理论提出了质疑，并尝试提出新的经济学理论。

因此，无论是发达国家还是发展中国家，都需要有新的理论为依据建立国家经济政策。在这个大背景下，林毅夫提出"超越凯恩斯"，提出了"新结构经济学"，希望为发展中国家的经济政策提供理论基础，这种探索和创新具有非常重要的实践意义。

2. 新结构经济学理论的内容

综合林毅夫和其他学者的论述，新结构经济学理论定义如下：所谓新结构经济学，是世界各地的一些经济学家为了帮助广大发展中国家找到一条长期可持续的包容性经济增长途径，运用新古典经济学的方法，在分析历史上世界各国尤其是第二次世界大战后发展中国家发展道路和发展状况的基础上，研究和探索经济发展过程中经济结构及其变迁的本质和决定因素、市场和政府的各自作用及其协同关系等问题而提出的一个发展经济学的理论分析框架。

新结构经济学理论的核心思想可概括为以下要点。

（1）某一经济体的要素禀赋结构（即土地或自然资源、劳动力、物质资本和人力资本的相对丰裕程度）在每一特定发展阶段是相对稳定的，但会随着发展阶段的不同而变化。因此，一个经济体的最优产业结构也会随着发展阶段的不同而不同。

（2）世界各国的经济发展阶段是一条从低收入的农业经济一直到高收入的后工业化经济的连续谱，经济发展的每一个水平都是这条连续谱上的一点。因此，发展中国家并不一定需要按照发达国家目前的产业结构和基础设施状况来升级和改善自己的产业和基础设施，而是要根据自己的要素禀赋结构特征和市场优先建立自己有比较优势的产业结构。

（3）强调市场和政府在经济发展过程中的协同作用。其中，市场在经济发展的每一个阶段都是有效配置资源的基础，而政府则在政策制定和制度安排等方面发挥提供信息、协调改善经济运行的软硬件基础设施和补偿外部性等作用。

3. 新结构经济学理论的意义

新结构经济学理论的作用主要体现在对供给侧结构性改革的意义以及对中国"一带一路"经济带建设方面的意义。

（1）有利于推动供给侧结构性改革。供给侧结构性改革，就是用增量改革促存量调整，在增加投资的过程中优化投资结构，实现产业结构开源疏流。新结构经济学理论运用在供给侧结构性改革中，能够使改革对象企业在经济可持续高速增长的基础上实现经济可持续发展与人民生活水平不断提高。首先，新结构经济学理论能够优化产权结构，实现"国退民进"、政府宏观调控与民间活力相互促进。其次，新结构经济学理论可以优化投融资结构，促进资源整合，实现资源优化配置与优化再生。再次，新结构经济学理论可以优化产业结构、提高产业质量，优化产品结构、提升产品质量。此外，新结构经济学理论能够优化分配结构，有助于实现公平分配，使消费成为生产力。最后，新结构经济学理论能够优化消费结构，实现消费品的不断升级，不断提高人民生活品质，实现创新、协调、绿色、开放、共享的发展。

新结构经济学理论在使康养产业适应常态化社会经济发展状态的同时，为其供给侧结构性改革方向提供新思路和新思想，能够更好地推动康养产业适应现代化经济发展新常态，以更好的姿态适应社会群众的需要。

（2）有利于加快建设"一带一路"经济带。从新结构经济学的角度来看，中国提出的"一带一路"能够得到很多国家的响应。林毅夫在第一届中国金融创新发展高层论坛指出，"一带一路"沿线有六十多个国家，目前他们的人均 GDP 普遍在我国人均 GDP 的一半以下，有的只有我们的 1/5，我们现在是 8100 美元，大部分国家是在 4000 美元之下，有的甚至只有 2000 美元，1000 美元不到。对这些国家来讲，从新结构经济学角度，每个国家都有实现民族复兴的梦想，都希望能够发展经济，提高人民的收入，实现现代化。如果要实现经济的腾飞，有两个前提：一是提高劳动力生产水平的产业技术必须不断升级，二是在升级过程中，基础设施必须不断完善，才能够降低交易费用。因此，在"一带一路"建设过程中，运用新结构经济学理论，有利于加速其建设速度，加快建设进程，提高建设质量。

3.3 本 章 小 结

本章主要从内部和外部两个方面总结了康养产业发展的理论基础。康养产业发展的内部理论包括产业发展理论、产业集群理论、产业融合理论与产业结构优化理论；康养产业发展的外部理论包括"六度"理论、可持续发展理论与新结构经济学理论。本章主要从各理论的产生背景、主要内容、理论提出的意义等方面展开分析阐述。

通过本章的介绍，可以了解康养产业发展的内部、外部理论基础、历史生成背景、具体内涵以及理论意义，为康养产业发展提供理论基础。

第 4 章 康养产业发展经验与借鉴

4.1 康养产业发展的国际经验与启示

截至目前，全球各地已经有超过 100 个国家和地区发展了康养产业。发达国家较早进入老龄化社会，康养产业的发展也比较早，已经进入产业发展的成长期甚至是成熟期。各个国家的政治、经济、文化和历史条件各不相同，因此康养产业的发展模式也存在差异。但"他山之石，可以攻玉"，发达国家发展康养产业的成功经验，对于我国康养产业的发展具有重要的借鉴意义。

4.1.1 美国康养产业发展的"下沉＋预防保健"做法

美国的大健康产业在主体方面下沉到社区和家庭。在美国的大健康产业的构成中，家庭及社区保健服务占比达到 50%，健康风险管理服务占比为 11%，长期护理服务占比 6%，医院医疗服务占比只有 19%、医疗商品（含药品和器械）占比 14%（李惠莹等，2019）。由于美国的大健康产业在主体上下沉到社区和家庭，而家庭以及社区的健康服务，大部分都是提供疾病预防、疾病风险管理、慢性病监测、康复保健等服务项目，这又使美国大健康产业主要的实施环节前移，相对于治疗更加注重预防和保健。

"下沉＋预防保健"做法，大大促进了美国的大健康产业的发展。近十多年来，美国的大健康产业是其增速最快的产业，在 GDP 中的比重达到近 10% 的水平，仅次于制造业、服务业、金融保险业、房地产业，是美国的第五大产业。特别在 2008 年全球金融危机爆发后，美国的制造业、金融保险业、房地产业增速放缓，只有大健康产业一枝独秀，大健康产业已经成为美国经济的支柱产业，其中仅森林康养的年接待游客就达到 20 亿人次，美国人均收入的 1/8 都用于森林康养。美国人均健康产业支出规模为 9200 美元，美国大健康产业的发展水平在世界上居于领先地位（李惠莹等，2019）。美国借助其丰富的森林资源，积极发展森林保健型的森林康养产业。美国的森林康养场所能够提供集旅游、运动、养生于一体的综合养生服务，满足了人们对于森林保健的需求。美国成立了专门的机构——美国林务局，确保森林资源居于可承载的状态下，防止森林资源被过度开发，采取的措施包括防治病虫害、组建森林保健技术组织、开展森林保健知识宣传等。

"下沉＋预防保健"做法，在美国的养老产业中也有体现。针对广大的亚健康人群，美国将养老服务下沉到社区。美国的社区养老是"品质养老"的典范，通过大力发展社区养老，为老年人提供上门家政服务、日托服务、康复介护服务等多种服务，以此满足老年人对日常生活、医疗保健以及社会参与等各方面的需求。美国的社区养老具体有两种模式：协助生活社区和专业护理社区。协助生活社区为老年人提供各种生活方面的照料服务，包括日常生活帮助、服药提醒、24 小时保安服务、特殊医疗（老年痴呆症等）、日常照顾等；专业护理社区设有专门的护理院，在护理院中配备专业的治疗和恢复设施、专业技术人员，为康复期病人、长期慢性病患者提供 24 小时护理照料、常规的医药监督、康复治疗等。另外，美国政府和一些金融机构向老年人推出了"以房养老"的"倒按揭"贷款，至今已经有 20 多年的经验。"倒按揭"贷款发放对象为 62 岁以上的老年人，有联邦政府保险的"倒按揭"贷款、美国联邦全国抵押协会办理的"倒按揭"贷款、由金融机构办理专有"倒按揭"贷款三种形式（李惠莹等，2019）。

4.1.2　日本康养产业发展的"后发优势"做法

相对于其他发达国家，日本的康养产业发展较晚，但通过充分发挥"后发优势"，积极借鉴其他发达国家的成功做法，日本的康养产业后来居上，达到较高的发展水平。

在森林康养产业方面，日本起步较德国晚了三四十年的时间，1982年才从森林浴开始起步，但其发展非常迅速。1982年日本林野厅首次提出要发展"森林浴"。通过引进德国的"森林疗法"和苏联的"芬多精科学"，结合补充代替医学和循证医学，开展了大量实证研究，初步证明森林浴对人类健康的益处，并在国民中大力推广森林浴，每年有数亿人次进行森林浴。日本通过制定统一的森林浴基地评价标准，建立了严格的行业准入机制，在全国范围内推行，有效促进了森林保健旅游开发。大力加强森林浴基地建设，2004年，日本林野厅提出"森林疗法基地"的概念，2008年成立了非营利性组织"森林疗法协会"，开展的工作主要包括森林浴基地及森林疗法步道的认证、森林疗法的普及和宣传、森林疗法的人才培养等。通过以上工作的开展，目前森林浴基地和森林疗法步道几乎遍布日本的所有县市。日本重视对森林康养专业人才的培养，从2009年开始，日本每年组织一次"森林疗法"验证测试，所有森林康养从业人员都要参加分级考试，获得一级资质的从业人员可以成为森林康养理疗师，获得二级资质的从业人员只能成为森林康养向导（护理）。改善森林康养基地的交通条件和市政设施条件。为加强森林康养基地与城市之间交通的便利性，日本政府在公路、桥梁、水网、电网等交通与市政设施建设方面投入大量的财政资金；加强森林康养相关的法律建设，以国家法律法规的形式明确了森林康养为国民福祉、规定了国家和地方政府在森林康养发展中的职责及工作任务，并在森林康养的实践工作中不断修订与完善相关法律法规。为加强森林保健资源的保护、利用与管理，在1985年就制定了《关于增进森林保健功能的特别措施法》，并依据实际情况不断进行修订；日本还专门成立了森林医学研究会，开展森林康养相关的理论研究。这使日本的森林健康功效测定技术迅速提升并达到世界上最先进的水平。

在养老产业方面，日本是全球老龄化率最高、老龄化速度最快的国家，预计到2050年，日本老年人口将达到3764万人，占总人口的39.6%（李惠莹等，2019）。为积极应对人口深度老龄化问题，推进养老产业发展，日本借鉴美国等国家的成功经验，1982年通过出台《老年保健法》，将养老的重心转向了居家养老、护理照料的方向。《老年保健法》提出"40岁保健，70岁医疗"的原则，即40岁以上的国民可免费享受疾病的预防诊断、检查、保健治疗，70岁以上的老人除支付必要的医疗费用外，其他费用均由国家和保险机构承担。完善了以居家养老为中心的社区老年服务体系，扩大了家庭服务员队伍，为老年人提供特别看护的短时服务和日托服务等。在《老年保健法》的基础上，日本政府又推出《介护保险法》，实施"介护保险制度"。介护保险将居住在日本的40岁以上者纳为对象，其中65岁以上的日本人为第一被保险者，40~65岁的日本人为第二被保险者。国家负担介护保险费的50%，各地上缴的介护保险资金负担40%，使用者自付10%（李惠莹等，2019）。介护保险制度的实施，使那些由于身体原因，在排便、饮食等生活方面需要特殊照顾和护理服务的群体得到相应的照护，享受到有尊严的养老服务。

4.1.3 德国康养产业发展的"顺应和引导需求"做法

德国追求户外健康休闲生活，健身产业蓬勃发展。德国人均寿命高于全球平均水平。德国人的长寿源于其对健康的追求。德国人非常重视休闲生活，周末喜欢去户外，重回大自然，没有远足条件的，也去当地公园、植物园等"绿色地带"，有助于提升情绪和自信心。德国健身产业发达，带动了20多万人就业。

德国被戏称为"欧洲养老院"，是欧洲人口老龄化程度最高的国家。

顺应国民对于户外健康休闲生活的需求，以及人口老龄化的背景，德国在世界上较早提出"康养"概念，"森林康养"一词从"森林浴"发展而来。"森林浴"起源于德国的"气候疗法""地形疗法"和"自然健康疗法"，是由温泉浴、日光浴等衍生出来的名词。德国的森林康养起源最早且发展为森林医疗型产业。德国是世界上发展森林康养产业最早的国家，早在 19 世纪 40 年代初，德国巴登·威利斯赫恩小镇就创立了世界上第一个森林浴基地，被认为是森林康养的雏形，如今当地有 15 万公顷市有林、100 余万公顷的森林疗法步道及疗养观光场所，全镇人口中 70% 以上的就业几乎都与森林疗养有关（李惠莹等，2019）。后来逐渐又衍生出了"森林地形疗法""自然健康疗法"等森林康养类型。1962 年，德国科学家弗兰克（Franke）发现人体在自然环境中会自动调整平衡神经，恢复身体韵律，认为树木散发出来的挥发性物质，对支气管哮喘、肺部炎症、食道炎症、肺结核等疾病有显著疗效。20 世纪 80 年代，森林康养成为德国的一项国策，被纳入国家医疗保障体系，患者凭医生的处方可以进行免费的森林疗养。森林康养被纳入医保后，德国公费医疗费用反而下降 30%，每年节约数百亿欧元的费用，而与此同时，德国的国家健康指数总体上升了 30%。森林康养产业的发展，不仅带动了住宿、餐饮、交通等行业的发展，还催生出森林康养治疗师、导游、护理等职业。在森林康养产业发展的过程中，德国还形成了一批极具国际影响力的产业集团，如高地森林骨科医院等。目前，德国提出"森林向全面开放"的口号，规定所有国有林、集体林和私有林都向旅游者开放，森林康养医院数量达 350 多家，每年森林游憩者近 10 亿人次。森林康养极大地带动了德国乡村旅游业的发展，成为德国乡村振兴不可或缺的有机组成部分。德国对森林康养专门人才进行了系统培养，形成了森林康养向导、营养师、理疗师等针对不同森林康养需求的人才层次；德国拥有 350 多处森林康养基地，最为典型的是巴登·威利斯赫恩小镇，该镇拥有 350 多名森林康养医疗工作者，每年接待游客多达 7 万人次，加之国家强制公务员定期进行康养以及将其纳入医保体系，进一步提高了全民健康素质。

4.1.4 发达国家康养产业发展的启示

（1）发达国家的大健康产业发展成熟，产业链已经从后端的疾病治疗发展到前端的健康管理。在美国、德国、日本等国家，健康管理产业已经正式步入快速发展的阶段，发展水平较高。在此基础上，美国等国家将健康服务完全下沉到一线的社区，注重发挥社区和家庭在健康服务和健康管理中的主体作用。而家庭以及社区的健康服务，大部分都是提供疾病预防、疾病风险管理、慢性病监测、康复保健等服务项目，这就使美国大健康产业主要的实施环节前移，相对于治疗更加注重预防和保健环节。我国目前也设立了很多社区卫生服务中心，希望更好地发挥社区在大健康产业中的作用。但由于社区卫生服务中心在疾病预防、疾病风险管理、慢性病监测、康复保健等预防和保健服务方面的功能有限，目前被群众接受的程度不高，社区卫生服务中心仍然是以医疗服务为主（郭金来等，2019）。如何更好地发挥社区和家庭在大健康产业中的作用，需要向发达国家借鉴。

（2）在森林康养产业发展的过程中，美国、德国、日本等国家普遍加强法治建设，有效保护国家的森林资源，维护森林健康状态，保持生物物种的多样性，维持森林生态系统的可持续性和稳定发展，在此基础上也使其森林资源能够保持在健康的、适度被开发利用的合理状态。另外，政府还对于森林康养产业投入大量资金，制定严格的森林康养产业发展标准，注重森林康养人才的培养。

（3）在养老产业发展过程中，美国、日本等国家普遍的做法是在发挥政府主导作用的基础上，充分调动市场的积极性。美国养老产业的市场化程度非常高。在世界各国中，美国是养老产业市场化发展最成功的国家。1978年推出的"401K计划"使老年人的养老金资产积累不断增加，价值得以提升，老年人得以分享美国经济的发展成果。大型养老企业在美国养老产业中不断涌现，包括Del Webb公司、NCP以及Elderhostel公司等。这些公司涉足的业务领域广泛，涵盖老年医疗、房地产、旅游、金融等诸多方面。日本政府在发挥政策主导作用的基础上，积极引进市场机制，让各方市场主体都参与到养老产业中来，使养老产业和其相关产业链形成了良性循环，得到快速的发展，老年人的生活质量也得到了提高。另外，发达国家还注重相关法律体系建设，为养老产业发展奠定了法律基础，促进了养老产业的发展。通过建立起一整套完整的促进养老产业发展的法律体系，并经过国家强制手段予以推行，最终取得了极佳的实施效果，这一做法值得我国借鉴。

（4）通过不断完善投融资机制，带动康养产业的发展。以美国为例，美国拥有全球最发达的金融市场，另外美国政府对于其养老产业实施了有效的政策支持，这两大因素为美国养老产业投融资机制提供了重要保障。首先，要形成高度市场化的多元的投融资机制。与欧洲国家相比，美国养老产业投融资更多的是企业自身的市场行为，这与美国的自由主义市场经济密切相关。同时，美国政府在其中也发挥了积极有效的资金引导作用，这也发挥了一定的保障作用。目前，美国养老企业的融资来源多样化。以美国老年服务中心为例，其融资来源既包括政府拨款、申请基金会与科研经费支持，也包括社会捐款、向服务群体收费等其他形式。另外，美国社会资本对于养老产业的参与度相对较高，在养老 PPP 与 REITs 方面都广泛涉及。美国养老 PPP 与 REITs 融资从 20 世纪 60 年代时就开始大量使用。其中，REITs 模式被大量应用于养老地产方面。美国拥有发达的金融服务机构和中介体系，如纳斯达克证券交易所、摩根大通集团等，这些金融服务机构和中介体系可以为养老企业提供一系列专业的投融资服务。此外，美国各层级政府服务体系也为养老产业融资提供了有效保障，一是推动养老产业相关政策的制定和推行；二是监督相关产业计划的制订和实施；三是拓展养老产业投融资渠道，保障产业发展的资金供给。发达国家的实践证明，引导社会资本投资养老养生产业是发达国家构建多层次、多元化养老服务体系的有效途径（潘慧和余宇新，2019）。

4.2　中国康养产业发展的经验与启示

改革开放以来，随着我国经济发展水平的提高，人们对于生活质量和健康幸福的追求不断升级，对于康养产品和服务的需求急剧增长。另外，随着我国人口老龄化的不断加剧以及"健康中国"战略的推动，作为现代服务业的重要组成部分，涵盖健康、养老、养生、医疗、文化、体育、旅游等诸多业态的康养产业正在成为日益备受关注的新兴产业。

受到人口老龄化的影响，以及人们对于健康养生需求的不断提升，2013 年以来，我国康养产业呈现出蓬勃发展的良好态势，政策保障体系不断完善，产业规模不断扩大，产业主要业态基本成形。尽管如此，目前我国康养产业的发展整体上仍处于初期探索阶段，在产业快速发展的同时，仍存在诸多亟待解决的问题。

4.2.1　中国康养产业发展现状

1. 中国康养产业发展渐成气候

2013 年以来，国务院先后出台了一系列支持康养产业发展的指导性文件，包括《关于加快发展养老服务业的若干意见》《关于促进健康服务业发展的若干意见》《"健康中国 2030"规划纲要》等，这些指导性文件形成了国家对于康养产业发展的顶层设计，为康养产业发展指明了方向，形成强大的政策支撑。2016 年 8 月，习近平总书记在全国卫生与健康大会上发表重要讲话，提出"没有全民健康，就没有全面小康""健康是促进人的全面发展的必然要求，是经济社会发展的基础条件，是民族昌盛和国家富强的重要标志，也是广大人民群众的共同追求""努力全方位、全周期保障人民健康"。

各地在中央政策的基础上推出当地的康养产业政策，积极吸引社会资本对康养产业进行投资，我国康养产业发展渐成气候。

（1）产业规模不断扩大。在国家出台若干相关政策以引导康养消费的背景下，康养产业成为各地政府和市场投资机构青睐的朝阳产业，尤其是随着"健康中国"建设上升到国家战略层面，康养产业已经成为我国经济转型的新引擎，产业规模不断扩大。根据《"健康中国 2030"规划纲要》，2018 年我国康养产业产值超过 6.85 万亿元，约占国民生产总值的 7.2%。康养企业数量超过 240 万家，年增长率超过 10%。预计 2030 年我国康养产业规模将达到 22 万亿元，2050 年达到 21.95 万亿元（何莽，2019）。

在大健康产业方面，我国居民健康水平持续改善，人均期望寿命、孕产妇死亡率、婴儿死亡率等主要健康指标居于中高收入国家前列。健康管理产业未来发展潜力巨大，主要包括体检中心、体外诊断、生殖健康、中医养生、月子中心、康复中心等领域。据国家卫健委官网消息，2021 年我国居民健康素养水平达到 25.40%，比 2020 年提高 2.25 个百分点，继续呈现稳步提升态势。《大健康十大投资热点市场规模预测》显示，2018 年，我国大健康产业的规模将近 43 万亿元，居世界第一位。根据产业信息网发布的《2015—2020 年中国健康养生市场运营及发展预测报告》，据不完全统计，目前我国健康产业生产企业约 1700 家，销售企业约 2.5 万家。

在医疗产业方面，医疗服务能力持续提升，一批国家区域医疗中心、高水平重点专科得到扶持发展，84% 的县级医院达到二级及以上医院水平，远程医疗协作网覆盖所有地级市。国家卫计委的数据显示，2021 年，我国医药卫生服务支出 9564.18 亿元；国家统计局数据显示，2022 年末全国共有医疗卫生机构 103.3 万个，医院 3.7 万个，其中公立医院 1.2 万个，民营医院 2.5 万个；基层医疗卫生机构 98.0 万个，其中乡镇卫生院 3.4 万个，社区卫生服务中心（站）3.6 万个，门诊部（所）32.1 万个，村卫生室 58.8 万个；专业公共卫生机构 1.3 万个，其中疾病预防控制中心 3385 个，卫生监督所（中心）2796 个。年末卫生技术人员 1155 万人，其中执业医师和执业助理医师 440 万人，注册护士 520 万人。医疗卫生机构床位 975 万张，其中医院 766 万张，乡镇卫生院 145 万张。2021 年全国居民人均医疗保健支出 2115 元，比 2012 年增长 152.3%，年均增长 10.8%，快于全国居民人均消费支出年均增速 2.8 个百分点，占人均消费支出的比重为 8.8%，比 2012 年上升 1.8 个百分点。2021 年，全国基本医疗保险（含生育保险）基金总收入 28727.58 亿元，比上年增长 15.6%；全国基本医疗保险（含生育保险）基金总支出 24043.10 亿元，比上年增长 14.3%；全国基本医疗保险（含生育保险）基金当期结存 4684.48 亿元，累计结存 36156.30 亿元，其中，职工基本医疗保险（以下简称职工医保）个人账户累计结存 11753.98 亿元。2021 年，49 个试点城市中参加长期护理保险人数共 14460.7 万人，享受待遇人数 108.7 万人。2021 年基金收入 260.6 亿元，基金支出 168.4 亿元。长期护理保险定点服务机构 6819 个。护理服务人员 30.2 万人。

在养生产业方面，我国营养保健品的普及率目前只有 10%，人均保健品消费小于 20 美元，仅仅属于起步阶段，发展阶段远远落后于美国，美国营养保健品的普及率已经达到 70%，人均消费约 101 美元。随着我国人口老龄化的加剧、人们消费结构的改变、产业支持政策的不断推动，营养保健品行业将迎来难得的快速增长的阶段，未来我国营养保健品行业上升空间巨大。

在医药产业方面，生物医药产业是一国科技发展水平的标志，也是康养制造业的重要组成部分。近年来，我国大力发展生物医药产业。生物医药产业近年来发展迅速，2018 年 12 月至 2021 年 2 月，我国生物医药产业发展指数（CBIB）增长迅速，具体如图 4-1 所示。

另外，我国医药制造企业数量增长迅速，从 1998 年的 3280 家增加到 2021 年的 8629 家，具体如图 4-2 所示。

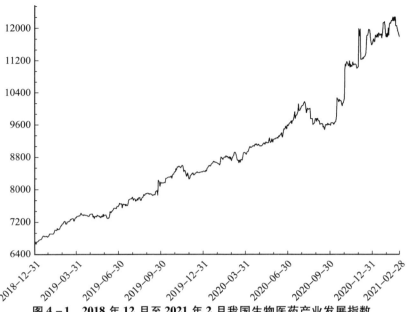

图 4 - 1　2018 年 12 月至 2021 年 2 月我国生物医药产业发展指数

资料来源：万得数据库。

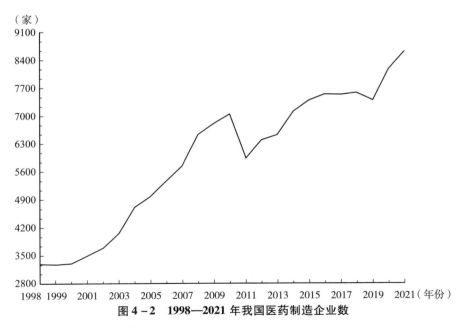

图 4 - 2　1998—2021 年我国医药制造企业数

资料来源：万得数据库。

（2）产业主要业态基本成形。经过近年来的发展，我国康养产业主要业态已经基本成形，包括森林康养产业、养老产业、医疗健康产业等。

第一，森林康养产业。森林康养产业发展的基础是丰富的森林资源。长期以来，在保护森林资源国家政策下，我国的森林面积不断扩大，从1998 年的15894.09 万公顷增加到2021 年的22064.22 万公顷，如图4 - 3所示。

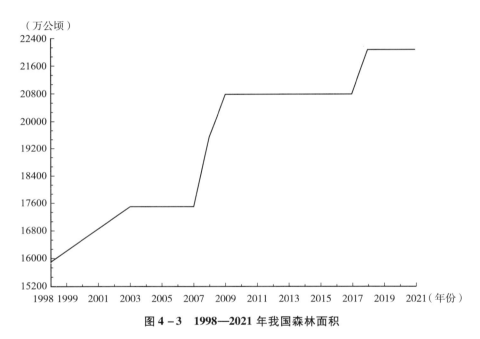

图 4 - 3　1998—2021 年我国森林面积

资料来源：万得数据库。

在森林面积不断增加的同时，我国的森林覆盖率显著提高，从1998年的16.55% 提高到2021 年的22.96%，如图4 - 4所示。

整体上，我国森林康养起步较晚，自20 世纪末才开始将森林作为疗养的资源进行开发利用。2012 年，北京市率先提出"森林康养"的概念，四川、湖南等省份首先探索森林康养产业的试点实践。2015 年，四川省公布了首批森林康养试点示范基地名单。2016 年，国家林业局在全国范围启动森林养生基地试点建设。森林康养产业在我国发展迅速，目前已经成为诸多康养产业中发展相对成熟的一种发展业态，有效促进了当地产业发展，推动了乡村振兴和精准扶贫。

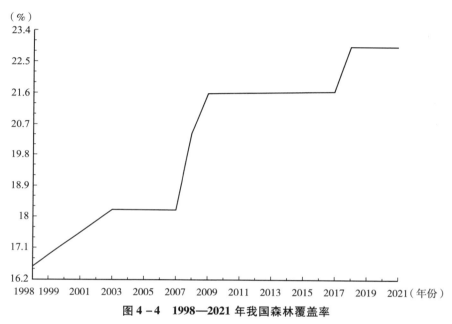

图 4 - 4　1998—2021 年我国森林覆盖率

资料来源：万得数据库。

　　第二，养老产业。我国老龄人口数量加速增长，截至 2022 年底，我国 65 岁及以上老年人口占总人口的 14.9%，比 1953 年的 4.4% 上涨了 10.5 个百分点。1953—2022 年我国 65 岁及以上老年人口在总人口中比例变化情况如图 4 - 5 所示。

　　与其他国家相比，我国人口老龄化呈现以下四个核心特点：规模大、发展速度快、持续时间长、应对任务重。人口老龄化将成为我国在 21 世纪甚至更长时期面临的严峻挑战。庞大的老年人群催生了对于养老产业的巨大需求。

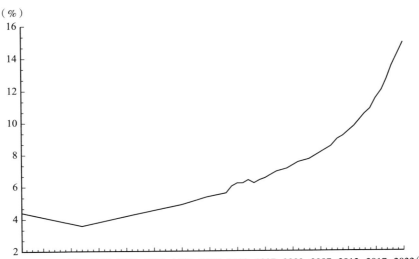

图 4 - 5　1953—2022 年我国 65 岁及以上老年人口在总人口中比例变化情况

资料来源：万得数据库。

党的十八大以来，我国人口老龄化程度不断加深，习近平总书记在各种会议、文件、调研、考察、出访中对加强老龄工作做出近四十多次重要指示批示，强调要构建以养老、孝老、敬老和医养结合为核心的政策方针，指出"有效应对我国人口老龄化，事关国家发展全局，事关亿万百姓福祉"。党的十九大报告作出"实施健康中国战略"的重大部署，首次将养老与就业、教育、医疗、居住等问题并提。我国要在 2035 年建成"健康中国"，实现"中国特色养老服务体系成熟定型，全体老年人享有基本养老服务"的愿景目标。2021 年 11 月，《中共中央国务院关于加强新时代老龄工作的意见》提出，有效应对我国人口老龄化，事关国家发展全局，事关亿万百姓福祉，事关社会和谐稳定，对于全面建设社会主义现代化国家具有重要意义。预计到 2023 年，老年人口 1.17 亿，老龄化水平 20.1%，达到中度老龄化程度。到 2030 年，老年人口 3.62 亿，老龄化水平 25.5%，达到深度老龄化程度。人口老龄化的严峻形势导致对于健康养老产业的需求不断增加；另一方面，2022 年我国人均 GDP 已经达到 85698 元，对于高品质健康养老产品和服务的"消费升级时代"已经到来，将进一步提升对于养老产业发展的需求；"新发展格局"下，"国内大循环为主体"的发展战略也将为养老产业的加速发展带来重要的推动力量。人们对于养老的需求也将进一步提升，养老产业面临新的发展机遇。

我国养老产业发展可以分为五个阶段。第一阶段是萌芽阶段（2000—2010 年）。2000 年 11 月，第五次全国人口普查数据显示，65 岁以上老年人口已达 8827 万人，占总人口 7.1%，60 岁以上人口达 1.3 亿人，占总人口 10.5%。这一阶段，养老产业开始初步发展，养老服务业开始萌芽，养老服务项目开始进行试点经营。受益于人口红利爆发影响，该阶段社会养老压力较小。第二阶段是快速发展阶段（2011—2020 年）。这一阶段，我国人口红利逐渐减少，人口老龄化发展迅速，60 岁以上老年人口占总人口比从 2011 年的 13.7% 发展到 2018 年的 17.8%。中国逐渐形成了"9073"的养老格局，养老政策体系也逐渐丰富。政策的引导和社会力量的参与，让养老服务和产品有效供给能力大幅提升、供给结构更加合理，养老服务政策法规体系、行业质量标准体系进一步完善。第三阶段是爆发阶段（2021—2030 年）。这一阶段，养老产业的法规体系基本建立，养老产业相关标准基本确立，行业协会的约束基本形成，养老产业发展模式探索基本完成。养老产业向规模化、规范化、全面化方向发展。第四阶段是成熟阶段（2031—2050 年）。这一阶段，养老产业发展趋向成熟，整体进入平稳增长阶段，养老产业成为国民经济支柱产业之一。第五阶段是减速阶段（2051—2070 年）。这一阶段，老龄人口总数相对上一阶段减少，产业增长可能出现减速。可以看出，目前我国的养老产业正处于第三阶段，也就是爆发阶段。

为促进养老产业发展，中央和地方相关顶层政策设计持续加码，从 2013 年"加快养老服务业"，2014 年"医养结合 + 农村养老服务设施"，2015 年"中医药 + 医养结合 + 智慧养老"，2016 年《"健康中国 2030"规划纲要》，2017 年养老政策"质量提升年"，2018 年"新设老龄健康司"，到 2019 年"28 条"，等等，持续推进养老产业发展。2013 年是我国养老政策的转折点，2013—2020 年，我国每年出台的养老政策数量始终维持在 20 项以上，2014 年更是达到 36 项的历史最高纪录。根据《中国康养产业发展报告（2020）》，2019 年，我国养老产业规模已经达到 7568 亿元，预计到 2050 年我国养老产业规模将增长到 21.95 万亿元。

第三，医疗健康产业。随着我国居民收入水平的不断提高、健康意识的不断提高，居民家庭用于医疗保健的支出不断增加，医疗保健支出在居民家庭总支出中的占比不断提高。1989—2021 年，我国城镇居民和农村居民的家庭医疗保健支出比重如图 4－6 所示。

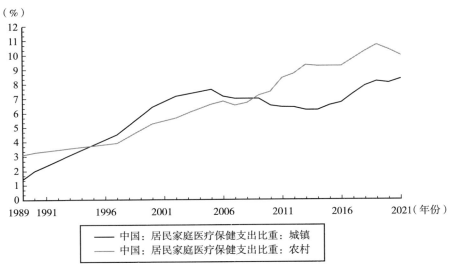

图 4－6　1989—2021 年我国城镇和农村居民家庭医疗保健支出比重

资料来源：万得数据库。

据国家统计局数据，2013 年全国居民人均医疗保健消费支出为 912.10 元，2022 年提高 2119.90 元，增长了 132.42%。

进入 21 世纪以来，我国以每万人口衡量的医院和卫生院床位数量、执业医师数量显著增加，如图 4－7 所示。

（3）产业发展基础不断夯实。《阿拉木图宣言》指出"健康是基本人权，达到尽可能的健康水平，是世界范围内一项重要的社会性目标"。大健康产业面临的是人类对健康无限的需要（金碚，2019）。在我国，这还是体现社会主义制度优越性的基本国策（何传启，2016）。

改革开放以来，我国公共健康服务水平显著提升，以婴儿死亡率和孕产妇死亡率为例，以上两个指标数值都是显著下降的，如图 4 - 8 和图 4 - 9 所示。

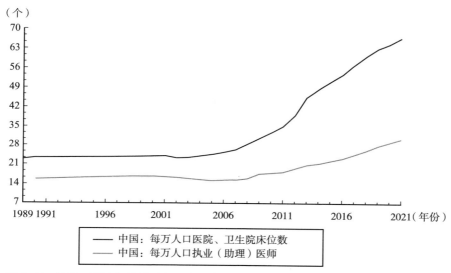

图 4 - 7 1989—2021 年我国以每万人口衡量的医院、卫生院床位数量和执业医师数量

资料来源：万得数据库。

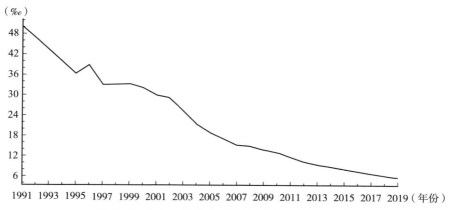

图 4 - 8 1991—2019 年我国监测地区婴儿死亡率

资料来源：万得数据库。

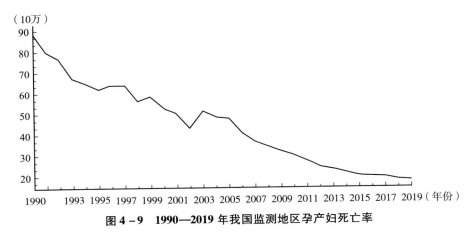

图 4 – 9　1990—2019 年我国监测地区孕产妇死亡率

资料来源：万得数据库。

　　我国现有社会保障体系从基本的社会保障制度为人们提供基本的医疗和养老保障，基本医疗卫生服务、基本养老服务等构成康养产业中的基础部分，也是康养产业发展的基础。随着我国基本医疗保险制度的不断完善，21 世纪以来，我国参加基本医疗保险人数、我国城镇职工基本医疗保险参保人数快速增加，如图 4 – 10 和图 4 – 11 所示。

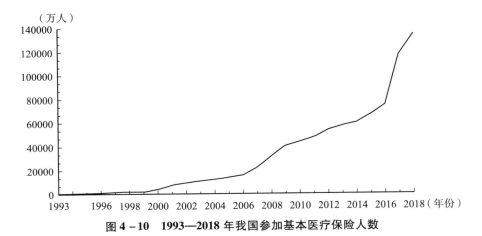

图 4 – 10　1993—2018 年我国参加基本医疗保险人数

资料来源：万得数据库。

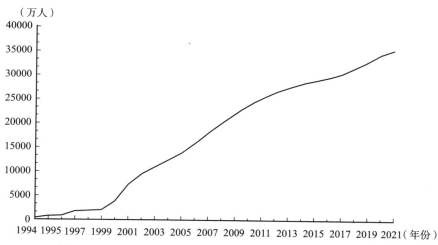

图 4 – 11　1994—2021 年我国城镇职工基本医疗保险参保人数

资料来源：万得数据库。

　　另外，1989 年以来，我国参加城镇职工基本养老保险人数明显增加，从 1989 年的 5710.28 万人增加到 2021 年的 48074.04 万人，如图 4 – 12 所示。

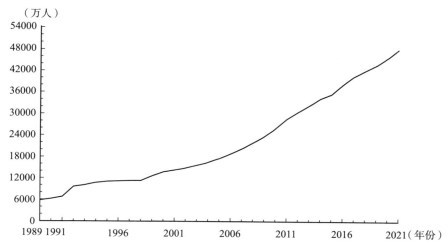

图 4 – 12　1989—2021 年我国参加城镇职工基本养老保险人数

资料来源：万得数据库。

基本公共健康服务水平的显著提升，基本医疗保险、基本养老保险覆盖面的持续扩大，增强了我国康养产业的基础性、保障性服务水平，夯实了康养产业的发展基础。

2. 中国康养产业发展的 SWOT 分析

相对于其他国家，中国康养产业发展的优势主要体现在以下三个方面：首先，经济总量的持续稳定扩大为发展康养产业提供了坚实的经济基础。根据万得数据库的数据，2013 年，全国居民人均可支配收入、城镇居民人均可支配收入、农村居民人均可支配收入分别是 18310.80 元、26467 元、9429.60 元。2022 年，以上三个数据分别增长到 36883.30 元、49282.90 元、20132.80 元，增长幅度分别为 101.43%、86.21% 和 113.51%。理论研究表明，一国人均 GDP 决定了该国居民的消费能力和消费水平，人均 GDP 达到 5000 美元后，健康消费成为家庭消费的重要增长点。2019 年我国人均 GDP 达 70077.69 元，2022 年我国人均 GDP 增长到 85698 元。随着居民收入水平的提高，全国居民人均消费支出不断增加，2022 年，全国居民人均消费支出、城镇居民人均消费支出、农村居民人均消费支出分别为 24538 元、30391 元、16632.10 元，比 2013 年分别增长 85.61%、64.39%、122.20%。居民在医疗保健方面的支出增速明显。2022 年，全国居民人均支出中用于医疗保健的支出为 2119.90 元，比 2013 年增长 132.42%。其次，可以借助中医药的独特优势，大力发展中医药康养产业，最终带动整个康养产业的发展。中医学是我国劳动人民智慧的结晶，历经几千年的实践发展，具有强大的生命力。中医提倡的"上医医未病之病"的思想，与康养的最终目标不谋而合。中医在预防、养生、保健、康复等领域作用重大，特别是在疾病预防、健康管理、家庭护理、重症康复等领域具有天然的优势。中医药与康养产业的有机结合将极大地促进康养产业的发展，形成具有中国特色的中医药康养产业，丰富和促进我国康养产业的发展。2015 年，国务院印发《中医药健康服务发展规划（2015—2020 年)》（以下简称《规划》），提出要借助我国中医药的独特优势，积极发展中医药健康养老服务业。《规划》为大力发展中医药康养产业，最终带动整个康养产业的发展提出了顶层设计。最后，中国康养产业发展具有后发优势。相对于发达国家，我国康养产业发展较晚，如果辩证地看，可以在借鉴发达国家经验，汲取其发展中的教训，这也会形成中国康养产业发展的后发优势。

中国康养产业发展的劣势主要体现在以下两个方面：首先，与发达国家相比，我国康养产业的总体规模仍然偏小。欧美等发达国家，康养产业的增加值占 GDP 的比重已经超过 10%。某些国家已经超过 15%，如美国为 17.8%。而在我国，这一比例只有 5% 左右。因此，我国康养产业的发展规模与我国经济总量很不相称，总体规模亟待扩大。其次，相对于发达国家，我国的康养产业还处于初级发展阶段。从康养产业的产业结构看，我国当前仍然以疾病治疗为主，而欧美等发达国家不仅重视疾病的治疗，更加关注疾病的预防、健康的维系、慢性病管理等健康风险管理方面的工作，涵盖范围极广，涉及家庭及社区保健、医院医疗服务、医疗商品、健康风险管理服务、长期护理服务等多个领域。

中国康养产业面临难得的发展机遇。康养产业是 21 世纪的朝阳产业，蕴含着巨大的发展潜力和良好的发展前景。我国康养产业在庞大的潜在需求驱动、国家政策支持、互联网等新技术突破、人民生活方式调整、健康理念转变等背景下，面临难得的历史发展机遇。

中国康养产业发展也面临一些挑战。首先，人口结构的变化对康养产业的发展带来挑战。根据万得数据库的数据，近年来我国的人口出生率不断下降，2022 年为 6.77%，比峰值时期的 1987 年的 23.33% 下降了16.56 个百分点，并且还面临着继续下降的趋势；另外，我国的人口老龄化深度迅速增加，2022 年末，我国 65 岁及以上人口为 20978 万人，占全国人口的 14.86%。按照国际标准，当一国 65 岁及以上人口占比超过14% 时，意味着进入深度老龄化社会。到 2035 年，我国 65 岁及以上人口占比将超过 21%，进入超老龄社会。人口出生率的下降、人口老龄化的提高共同作用的结果是老年人口抚养比①的不断提高。2022 年，我国老年人口抚养比为 21.8%，比 1987 年的 8.3% 提高了 13.5 个百分点。老年人口抚养比反映了每 100 名劳动年龄人口要负担多少名老年人，我国老年人口抚养比的不断提高给社会带来越来越沉重的负担，对康养产业发展构成挑战；其次，康养产业要实现后发优势，要求在产业发展过程中大力实施创新驱动发展战略。而从目前的整体情况看，我国康养产业的自主创新能力有限，康养产业关键核心技术的自主研发能力比较薄弱，对于发达国家的依赖程度仍然较深。例如在医药卫生和生物技术方面，有关数据显示，我国当前生产的药品中仿制药达九成以上，核心技术主要来源于境外。国内制药企业的研发投入很低，仅占销售总额的 1% 左右，而发达国家这一比例高达 15% ~ 20%。整体上，我国康养产业自主创新能力较低，行业创新能力有待提高（郭金来等，2019）。

4.2.2 四川洪雅七里坪森林康养 "融合共生" 模式

四川省在全国率先提出 "森林康养" 的概念，康养服务业成为全省五大新兴先导产业之一。"全国森林康养看四川，四川森林康养看洪雅"，为做大做强康养养生品牌，洪雅县先后出台了《关于推进中医药健康服务业发展的实施意见》《关于推进洪雅县健康养生产业示范区建设的实施意见》《洪雅县森林康养产业发展规划（2018—2025 年)》，着力深化供给侧结构性改革，不断推动森林康养产业发展。

遵循和谐共生的开发理念。洪雅七里坪森林康养旅游度假区地处北纬 30°，左依峨眉，右靠瓦屋，平均海拔 1300 米，森林覆盖率高达 95%，气候宜人，年均气温 12℃；且水质纯净，适合休闲度假，被誉为 "生态氧吧"。七里坪拥有神奇的天赋 "五宝"，即凉爽而四季分明的气候、薄荷空气、天然优质医疗矿泉水、千年无污染腐殖土、天然阳山。七里坪

---

① 老年人口抚养比又称老年人口抚养系数，指老年人口数与劳动年龄人口数之比。老年人口抚养比是从经济角度反映人口老化社会后果的指标之一。

先天优越的资源禀赋为森林康养提供了得天独厚的自然条件。四川洪雅七里坪半山旅游开发有限公司开发的七里坪森林康养基地隶属于四川金杯集团，依据规划空间结构形态，并结合当地自然地形和生态景观要求，在满足生态优先的原则下，以"医、养、游、居、文、农、林"七位一体的综合性康养旅游度假项目相继运营，通过合理布局各个功能组合，达到人与自然和谐发展的可持续休闲旅游区模式。七里坪森林康养基地坚持和谐共生发展理念，实施"产业、平台、项目、产品、服务"五位一体的发展战略，促进生态、生产、生活有序发展。

采用多产业融合共生的运营模式。七里坪森林康养基地起步于优先发展地产，配套开发了七里镇和七里坪景区，继而不断完善和发展，可以说地产业的介入为景区由传统旅游业过渡到森林康养产业提供了有力支持，加之峨眉山悠久的历史文化，经营范围涉及旅游、农林产品、医疗、养老、文化等多个领域，大力打造以"文化旅游地产、健康产业、生态农业"为重点的多产业融合的森林康养产业，逐步形成独具七里坪特色，具有差异竞争优势和核心竞争力的开发建设、经营管理模式。强大的营销能力和成熟的运营模式带动了当地政府的收益，增加了大量就业机会。经过不断探索，完成了从观光旅游、休闲度假到森林康养的转型升级。

七里坪森林康养基地开发和建设的成功经验包括以下三个方面：一是资源互动方面，在突出七里坪陆地特色资源的同时，将七里坪河流等水域资源的开发利用与陆地资源有机结合，并适当开发蓝天项目，实现水、陆、空资源整合互动发展；二是产业联动方面，发挥旅游业带动作用，将旅游项目与当地的生态农业、文化产业等紧密结合，推动地区社会经济文化协调发展；三是和谐可持续发展理念方面，坚持共生和可持续发展理念，逐步转变村民经济运营方式，保护村民利益，提高村庄建设标准，改善村民生活质量。

4.2.3　四川盐边红格"康养小镇"模式

红格小镇镇域面积 160.23 平方公里，人口 20000 余人，位于北纬 26°

黄金气候生态带，平均气温 20℃，夏无酷暑，冬无严寒，每年平均日照超 2700 小时，被誉为"日光之城"，是人类首选的休闲度假和养生生命带，具有得天独厚的自然资源。

红格康养特色小镇以"运动""休闲""温泉""阳光"为主打品牌，以阳光健身旅游为主导，打造阳光温泉、运动康养、医疗康养、美食康养红格"康养小镇"。红格温泉"康养小镇"以康养旅游为核心产业，强化城乡一体化统筹发展，加强基础建筑设施，合理利用当地土地，高标准建设运动康养温泉度假区。突出"温泉＋康养"，红格温泉是全国少有的氡气矿泉，水温 57℃，日流量 240 吨，可供千人浴用，对人体具有较高的医疗保健功能，因其独特的功效而闻名遐迩，这是红格小镇的主要特色。突出"运动＋康养"，以阳光作为运动康养的核心资源和亮点，投资 2.5 亿元，占地 250 余亩，建设训练基地。训练基地设置了 17 类项目，包括篮球、排球、沙滩排球、足球、田径、曲棍球、棒球、垒球、跳水、举重、摔跤、柔道、武术、拳击、跆拳道、游泳、水球，可同时接待 720 个运动员训练。突出"医疗＋康养"，建立中国首个全时全生命周期健康管理服务社区，引入先进医疗科技，建立"大健康管理中心"，独家研发全时生命健康管理体系，利用大数据与 AI 人工智能，为居民定制专属健康档案，实时自动更新健康状况。突出"美食＋康养"，"滋味盐边"享有较高知名度和美誉度，盐边油底肉、盐边牛肉、松茸炖土鸡、盐边羊肉米线上榜 100 道四川省级天府旅游美食，还有铜火锅、泡菜细甲鱼、香酥爬沙虫、大笮油底肉、大笮三花、养生荞麦饼等美食，成就了"亦川亦滇、自成体系"的盐边菜。原始生态的自然地理环境，孕育着最天然的食材，造就独具特色的饮食文化。美食滋养身心、强身健体，进一步促进消费升级，文旅融合，更好地服务八方游客。

红格"康养小镇"模式的成功经验包括以下两个方面：一是充分利用得天独厚的自然资源，以"运动""休闲""温泉""阳光"为主打品牌，大力发展康养旅游业；二是独具特色的温泉康养、运动康养、医疗康养、美食康养，使其成为名副其实的"康养小镇"。

4.2.4　我国康养产业发展的启示

一是政策的顶层设计对于康养产业初期的发展至关重要。在康养产业发展初期，需要政府部门出台系列配套的支持政策，支持和引导康养产业的发展。康养政策是国家和地方政府为改善康养环境、推动康养产业发展而出台的与康养产业密切相关的政策法规和发展规划。从我国康养政策发展历史看，可以把 2013 年看作是我国康养产业发展的政策元年。2013 年 9 月 13 日，国务院印发《关于加快发展养老服务业的若干意见》，明确提出要逐步使社会力量成为发展养老服务业的主体。同年 9 月 28 日，国务院印发《关于促进健康服务业发展的若干意见》。在以上政策文件指导下，国务院各部委纷纷出台各种配套政策，康养政策体系初步形成。在政策的大力扶持下，以养老服务业、健康服务业为核心的"康养产业"很快发展成为社会资本竞相追逐的热点投资领域。2016 年 10 月 25 日，中共中央、国务院印发并实施《"健康中国 2030"规划纲要》。从政策内容上看，自 2013 年起不断完善的康养产业政策保障体系主要包括以下六方面的内容：市场准入政策、土地供应政策、投融资政策、税费优惠政策和补贴支持政策、人才培育政策、法规标准和监管政策。康养政策可以综合反映地方政府对于康养发展的重视程度，以及康养产业的总体布局等。完善的政策保障体系不仅有利于各级政府部门优化康养产业发展的政策环境，还能够对康养产业发展发挥顶层设计的方向引领作用。

二是中国共产党执政的制度优势是我国康养产业发展的根本保障。《"健康中国 2030"规划纲要》的指导思想是推进健康中国建设，必须坚持以人民为中心的发展思想，牢固树立和贯彻落实新发展理念，坚持正确的卫生与健康工作方针，以提高人民健康水平为核心，以体制机制改革创新为动力，以普及健康生活、优化健康服务、完善健康保障、建设健康环境、发展健康产业为重点，把健康融入所有政策，加快转变健康领域发展方式，全方位、全周期维护和保障人民健康，大幅提高健康水平，显著改善健康公平，为实现"两个一百年"奋斗目标和中华民族伟大复兴的中国梦提供坚实健康基础。中国共产党第十九届中央委员会第四次全体会议强调，要坚持和完善统筹城乡的民生保障制度，满足人民日益增长的美好生活需要。增进人民福祉、促进人的全面发展是我们党立党为公、执政为民的本质要求。推动康养产业发展，是实现"病有所医、老有所养、住有所居、弱有所扶"，提高人民健康水平，满足人民日益增长的美好生活需要的必由之路。康养产业突出体现了以人民为中心的发展思想，是连接民生福祉与经济社会发展的重要纽带。中国共产党执政的根本也是以人民为中心。习近平总书记明确指出"没有全民健康，就没有全面小康"，对实施"健康中国战略"作出了一系列重大部署。要求"树立大卫生、大健康的观念，把以治病为中心转变为以人民健康为中心"。党的十九大报告提出实施健康中国战略，把人民健康作为民族昌盛和国家富强的重要标志写入党在新时代的奋斗目标。可以看出，中国共产党执政的制度优势是我国康养产业发展的根本保障。

4.3　中国康养小镇的开发建设适宜性评价

2014 年发布的《国家新型城镇化规划（2014—2020 年）》提出，"具有特色资源、区位优势的小城镇，要通过规划引导、市场运作，培育成为文化旅游、商贸物流、资源加工、交通枢纽等专业特色镇"。从此，康养特色小镇（康养小镇）成为投资的热点。康养特色小镇是以"健康"为小镇开发的出发点和归宿，以一种资源为特色，以健康产业为核心，将健康、养生、养老、休闲、旅游等多元化功能融为一体，形成的生态环境好的、多业态融合的特色小镇（梁云凤和胡一鸣，2019）。

4.3.1 适宜性评价研究方法评述

开发建设适宜性是人文、经济地理、城市规划、土地科学等领域的重要研究问题，是优化空间开发格局、合理布局建设空间的依据。目前理论界关于开发建设适宜性的评价研究方法主要包括定性评价法、定量评价法、系统评价法、智能评价法、综合评价法等，每一大类评价研究方法又包含若干种方法（李惠莹等，2019）。

1. 定性评价法

定性评价法包括经验法和德尔菲法。定性评价法的优点是操作简单，充分利用专家的知识和经验；缺点是评价的主观性较强，多人评价时有时难以形成统一的意见。

2. 定量评价法

定量评价法包括主成分分析法、聚类分析法、回归分析法、模糊综合评价法、灰色关联和灰色聚类法等。主成分分析法、聚类分析法、回归分析法的优点是具有全面性、可比性，评价结果比较客观，缺点是需要大量统计数据，才能保证评价的客观性和合理性；模糊综合评价法的优点是对于难以用精确数学方法描述的问题进行评价时具有其独特的优势，缺点是对于隶属度函数的确定有待进一步研究；灰色关联和灰色聚类法的优点是可以弥补数据不完整或部分数据不准确的缺憾，缺点是评级的主观性较强，最优值有待进一步确定。

3. 系统评价法

系统评价法包括层次分析法、数据包络分析法、系统动力学法、系统仿真法等。层次分析法的优点是可靠性比较高、误差较小，缺点是指标过多时权重不易确定；数据包络分析法的优点是可以评价多输入、多输出的大系统，相较于数量统计方法要求的数据样本不大，缺点是只显示评价单元的相对发展指标，无法显示出实际发展水平；系统动力学法的优点是适用于处理长期性、周期性系统和精度要求不高的复杂社会经济问题，缺点是不能确切地反映和描述实际系统的结构和运行状况；系统仿真法的优点是能够比较真实地描述系统的运行、演变及其发展过程，缺点是建模的过程比较复杂。

4. 智能评价法

智能评价法包括人工智能方法和群体智能方法。人工智能方法的优点是效率高、评价精准客观，不需要过多人员参与，缺点是需要大量的初始样本进行智能训练；群体智能方法的优点是比较精准客观，缺点是需要挖掘大量群体智能样本。

5. 综合评价法

综合评价法包括定性方法与定量方法结合法、数学方法与系统评价结合法、专家评级与智能评价结合法等。综合评价法的优点是结合各种方法的优势，能够通过简单操作显著提升结果的可靠性，缺点是需要结合具体问题进行具体分析。

4.3.2　康养小镇开发建设适宜性评价指标体系

基于国家旅游局 2016 年 1 月公布的《国家康养旅游示范基地标准》（LB/T 051—2016），借鉴现有文献对于相关评价指标体系的研究成果，本书认为康养小镇的开发建设应基于表 4 - 1 所示的指标体系，具体包括 4 个一级指标、11 个二级指标和 34 个三级指标。

表 4 – 1　　　　　　康养小镇开发建设适宜性评价指标体系

一级指标	二级指标	三级指标
1. 康养资源与环境条件	1.1 自然禀赋	1.1.1 温度
		1.1.2 湿度
		1.1.3 海拔
		1.1.4 空气洁净度
		1.1.5 优产度
	1.2 人文资源	1.2.1 社会和谐度
		1.2.2 星级景区
		1.2.3 非物质文化遗产
2. 康养产业发展基础	2.1 产业发展基础	2.1.1 三产比重
		2.1.2 工业化程度
		2.1.3 城镇化率
		2.1.4 市场化程度
		2.1.5 区域开放指数
	2.2 产业政策基础	2.2.1 各级政府优惠政策
		2.2.2 产业组织形态（合作社数量）
3. 社会经济因素	3.1 老年人口	3.1.1 老年人口数量
		3.1.2 老年人口比
	3.2 经济发展水平	3.2.1 GDP 总量
		3.2.2 人均 GDP
		3.2.3 基础设施
	3.3 居民消费水平	3.3.1 人均可支配收入
		3.3.2 城镇居民人均可支配收入
		3.3.3 农村居民人均可支配收入
	3.4 政府财力	3.4.1 政府一般公共预算收入
		3.4.2 政府一般公共预算支出
		3.4.3 政府财政收入
		3.4.4 政府财政支出

一级指标	二级指标	三级指标
4. 区位交通因素	4.1 区位条件	4.1.1 距离省会城市距离
		4.1.2 半径 100 公里内 100 万人口规模城市数量
	4.2 外部交通条件	4.2.1 航班通达性
		4.2.2 火车、高铁通达性
		4.2.3 高速公路、省道数量
	4.3 内部交通条件	4.3.1 公交车数量
		4.3.2 无障碍设计等基础设施

康养资源与环境条件用于衡量康养小镇的资源与环境优越水平，富集的康养资源、良好的康养环境是康养小镇开发建设的重要因素；康养产业发展基础综合反映康养产业的现有发展基础，包括产业发展基础和产业政策基础；社会经济因素反映影响康养小镇发展的社会因素和经济因素；区位交通因素主要反映影响康养小镇发展的区位条件和内外部交通条件。

4.3.3 基于人工神经网络的康养小镇开发建设适宜性评价

人工神经网络属于智能评价法中的人工智能方法。人工神经网络是模仿人脑结构和功能的一种信息处理系统，是由大量的处理单元（神经元）互相连接而成的网络。虽然每个神经元的结构和功能都不复杂，但是神经网络的动态行为却是非常复杂的，因此，用神经网络可以表达实际物理世界的各种现象。特别是在影响因素较多、因素之间逻辑关系复杂的情况下，人工神经网络能够实现全局最优。运用人工神经网络构建的评价模型，将每一项技术指标进行系统量化，达到更好评价优化的目的。

人工神经网络的基本原理如下：人工神经网络是利用非线性可微分函数进行权值训练的多层网络，它包含了神经网络理论中最为精华的部分，由于其结构简单、可塑性强，数学意义明确，学习算法步骤分明，在函数逼近、模式识别、信息分类以及数据压缩等领域得到了广泛的应用。

人工神经网络算法的特征是利用输出后的误差来估计输出层的直接前导层的误差，再用这个误差估计更前一层的误差，如此一层一层地反向传播下去，就获得了所有其他各层的误差估计。这样就形成了将输出层表现出来的误差沿着输入传送的方向逐渐向网络的输入层传递的过程。

4.3.4　中国康养小镇开发建设适宜性评价的实证分析

本书选取四川省攀枝花市正在推进的红格温泉康养小镇项目进行实证分析，通过对确定的康养小镇开发建设适宜性评价指标体系的指标数据进行收集，输入到人工神经网络模型，预测该康养小镇开发建设的适宜性状况。

红格温泉康养小镇项目是攀枝花市正在推进的大型综合康养文旅示范项目。该项目充分利用红格镇特有的温泉资源，综合利用其温泉水与良好的生态环境及其他自然疗养因子，并结合特定的温泉康养设施、配套服务设施及专业服务，通过温泉体验、运动健体、营养膳食、健康教育、修心养性、文化活动、融入自然、关爱环境等各种健康促进手段，打造独具特色的温泉康养小镇。

2021 年新开工红格国际运动康养温泉度假区项目，大力发展温泉体育旅游。以运动产业为特色、康养旅游产业为支撑，立足攀枝花独特的气候资源、空间资源优势，打造世界级专业体育赛事新区，凸显红格温泉康养小镇的"康养 +"运动特色。培育康体运动旅游，构建以山地自行车、漂流、攀岩、汽车越野、马拉松为核心的"强运动"，以户外拓展、露营活动、森林探险、徒步健身为代表的"常运动"，以禅修、瑜伽、太极为主的"微运动"三大康体运动体系。借助四川省青少年体育活动中心（红格训练基地），大力引进国际、国内知名赛事，举办国际级、国家级、省级赛事，打造康养体育赛事品牌，推动体育与文化、旅游融合发展。发展新兴拓展训练健身服务产业，吸纳全国各地的运动队来攀训练，扶持培育体育健身休闲企业。吸引了国内外棒垒球、曲棍球、足球、田径、射箭、飞碟等项目的运动队来攀训练，2020 年共有 126 支运动队 3046 名教练员、运动员来攀，并做好了全体竞训人员的身体健康、生命安全及正常训练保障工作，提高了红格温泉康养小镇的影响力。

通过实证研究，红格温泉康养小镇适宜开发康养产业。

4.4　本章小结

本章分析了美国康养产业发展的"下沉＋预防保健"做法、日本康养产业发展的"后发优势"做法、德国康养产业发展的"顺应和引导国民需求"做法，认为发达国家的大健康产业发展成熟，产业链已经从后端的疾病治疗发展到前端的健康管理。另外，发达国家普遍通过不断完善投融资机制来促进康养产业的发展。

相对于其他国家，我国康养产业具有自身的发展优势，同时也面临一系列挑战。以洪雅七里坪森林康养和盐边红格康养小镇为案例，总结这两个地区的康养产业发展经验。研究认为政策的顶层设计对于我国康养产业初期的发展至关重要，另外中国共产党执政的制度优势是我国康养产业发展的根本保障。

本章最后对于康养小镇开发建设适宜性评价进行了研究。借鉴现有文献对于相关评价指标体系的研究成果，构建了康养小镇开发建设适宜性评价指标体系。选取四川省攀枝花市正在推进的红格温泉康养小镇项目，运用人工神经网络对其开发建设进行了适宜性评价，认为红格温泉康养小镇适宜开发康养产业。

第5章 康养产业统计监测与评价体系

5.1 康养产业统计监测体系

党的十九大报告指出，人民健康是民族昌盛和国家富强的重要标志，要完善国民健康政策，为人民群众提供全方位全周期健康服务。随着"健康中国"战略的大力推进，以及中国人口老龄化趋势的加剧，涵盖养老、养生、医疗、健身、体育、文化等业态的康养产业进入了快速发展期，成为全社会高度关注的新兴产业。为动态掌握康养产业发展状况，研究制定康养产业有关政策和进行宏观决策，需要建立康养产业统计分类标准、统计报表以及核算方法，构建康养产业统计监测体系，从而有效开展康养产业增加值计算。由于国家、各省尚未建立康养产业统计标准，四川攀枝花、河北秦皇岛等先行先试，探索康养产业统计标准。2020年7月9日，四川省统计局正式批复《攀枝花市康养产业监测制度》，为攀枝花市开展康养产业监测提供了法律依据，该制度是四川省首个康养地方统计调查项目。以此为蓝本，为全国地方康养产业统计提供借鉴。

5.1.1 分类标准

康养产业是一个新兴的概念，依托和交叉于各行业领域，为此，我们在分类标准上，以《2017 年国民经济行业分类（GB/T 4754—2017）》为基础，参考借鉴了《文化及相关产业分类（2018）》《国家旅游及相关产业统计分类（2018）》《体育产业统计分类（2019）》《健康产业统计分类（2019）》《养老产业统计分类（2020）》等国家统计标准，以法定基础体现权威性。

《康养产业统计分类》涵盖了除采矿业、国际组织外的所有国民经济门类，共有行业小类 562 个。其中：农林牧渔业 41 个，工业 132 个，建筑业 32 个，批发和零售业 70 个，交通运输、仓储业和邮政业 36 个，住宿和餐饮业 15 个，信息传输、软件和信息技术服务业 22 个，金融业 32 个，房地产业 2 个，租赁和商务服务业 41 个，科学研究和技术服务业 15 个，水利、环境和公共设施管理业 21 个，居民服务、修理和其他服务业 10 个，教育 8 个，卫生和社会工作 30 个，文化、体育和娱乐业 40 个，公共管理、社会保障和社会组织 15 个。

第一产业：包括中草药种植、花卉种植、葡萄种植、柑橘类种植、亚热带水果种植、蜜蜂饲养等行业。

第二产业：包括液体乳制造、乳粉制造、营养食品制造、保健食品制造、精制茶加工、运动机织服装制造、运动休闲针织服装制造、球类制造、专项运动器材及配件制造、健身器材制造、运动防护用具制造、医学生产用信息化学品制造、口腔清洁用品制造、化学药品原料药制造、化学药品制剂制造、中药饮片加工、中成药生产、生物药品制造、康复辅具制造、眼镜制造、家用美容保健护理电器具制造等工业行业和体育场馆建筑、体育场地设施安装等建筑业行业。

第三产业：包括营养和保健品批发、体育用品及器材批发、西药批发、中药批发、医疗用品及器材批发、营养和保健品零售、体育用品及器材零售、西药零售、中药零售、医疗用品及器材零售、保健辅助治疗器材零售、旅游饭店、经济型连锁酒店、洗浴服务、足浴服务、养生保健服务、综合医院、中医医院、中西医结合医院等行业。

5.1.2　统计报表

康养产业统计包括了农业、工业和信息服务、建筑业和房地产、商务服务、金融服务、医疗服务、文化旅游、教育体育、养老服务等 13 个报表，见表 5-1。

表 5-1　　　　　　　　　　　康养产业监测统计报表

表号	表名	表号	表名
KY01 表	康养产业监测农业季报表	KY08 表	康养产业监测教育体育季报表
KY02 表	康养产业监测工业和信息服务季报表	KY09 表	康养产业监测运输服务季报表
KY03 表	康养产业监测建筑业和房地产季报表	KY10 表	康养产业监测科技服务季报表
KY04 表	康养产业监测商务服务季报表	KY11 表	康养产业监测城市管理季报表
KY05 表	康养产业监测金融服务季报表	KY12 表	康养产业监测养老服务季报表
KY06 表	康养产业监测医疗服务季报表	KY13 表	康养产业监测邮政服务季报表
KY07 表	康养产业监测文化旅游季报表		

5.1.3　核算方法

根据国民经济核算理论和方法，以现行 GDP 核算行业数据为基础，充分利用第四次全国经济普查成果和相关行业主管部门行政登记资料，分行业核定康养产业比重，并按照"先行业、后综合"的形式，从三次产业的角度开展康养产业增加值核算。

基本核算方法包括收入法和相关指标推算法两种。

1. 收入法

从生产过程形成收入的角度，对常住单位的生产活动成果进行核算。国民经济各产业部门收入法增加值由劳动者报酬、生产税净额、固定资产折旧和营业盈余四个部分组成。

计算公式为

现价增加值 = 劳动者报酬 + 生产税净额 + 固定资产折旧 + 营业盈余

注意：该方法主要根据第四次全国经济普查相关结果和行业部门掌握的企业情况，用于直接测算相关行业康养增加值。

2. 相关指标推算法

由于企业和行业主管部门在财务报表和原始台账中一般未单独体现康养成效，且分离康养经济指标较为困难，在实际核算过程中，更多地依赖相关指标进行推算。

计算公式为

现价增加值 = 该行业总增加值 × 康养所占比重

注意：康养所占比重由行业主管部门结合康养产业统计分类标准，根据所掌握和调查的行业数据进行填报和测算。

业务流程：行业主管部门采集行业调查资料→市统计局审核基础数据，并根据第四次全国经济普查资料对行业调查资料进行加权计算→计算分行业康养产业所占比重→根据国民经济核算资料核算该行业康养现价增加值→汇总计算全市康养产业增加值。

5.1.4 协同配合

《攀枝花市康养产业监测制度》在全面吸纳健康、养老、体育、文化、旅游等与康养产业相关的统计分类的基础上，力争建立科学的、权威的、得到同行认可的康养产业统计指标监测体系。为有效开展康养产业增加值计算，需要政府部门协同配合。按照"党委领导、统计搭台、部门唱戏、信息整合"的原则，由康养产业发展领导小组全面统筹，市康养产业发展局（办公室）推动落实。统计局负责立标准、建制度、强指导，搭建康养产业数据报送平台。各行业部门负责联系企业、调研走访、收集数据。统计部门和行业部门做到基础资料互通、数据质量共审、信息成果共享，确保康养监测科学合理。

5.2　康养产业发展评价体系

5.2.1　康养产业发展评价的方法

康养产业发展的评价方法通常有定性研究法、定量分析法、系统评价法、智能评价法、综合评价法五种方法。

1. 定性研究法

定性研究是指通过发掘问题、理解事件现象、分析人类的行为与观点以及回答提问来获取敏锐的洞察力。定性研究法的操作简单易行，主要通过专家的知识经验积累获得实用价值高、易于使用的结论。但是由于是经验，有时也会出现主观性，如果遇到较多专家意见时，可能会有结论难以集中收敛的情况，常用的有以下两种方法。

（1）个人经验法（experiential method）。个人经验法也叫作经验法，是根据科技评价人员的实际经验，在讨论的基础上形成的评价。这种方法的操作性虽然较强，能根据科技评价人员的知识储备快速地得出结论，但是存在主观性，其结论往往受到评价人员知识水平与范围的限制而产生认知偏差。

（2）德尔菲法（Delphi method）。德尔菲法也就是专家调查法，是指通过通信的形式将需要解决的问题分别、单独发给各位专家征询意见，再汇总全部意见后整理出综合性结论；接着，将这一综合性结论和预测的问题再分别反馈给各位专家，再进行征询意见，根据综合性结论修改或调整自己原先想法，再一次汇总，多次反复征询、汇总，最后得出一致结论预测结果的决策方法。德尔菲法均采用匿名、互不通信的方式进行，且进行了多轮征询、归纳与改正，最后形成的综合性结论具有较为广泛的代表性，但是由于这种方法仍然属于定性评价，仍然存在较强的主观性。

2. 定量分析法

定量分析法指分析一个被研究对象所包含成分的数量关系或所具备性质间的数量关系，也可以对几个对象的某些性质、特征、相互关系从数量上进行分析比较，研究的结果也用数量加以描述。常用的有以下五种方法。

（1）主成分分析法（principal component analysis，PCA）。主成分分析法也叫作主分量分析，是通过分析影响产业发展的各因素之间的相关关系，通过高数方法综合形成几个为数不多的、独立的、核心的因素，进行因素综合评定的方法。其方法的目的是通过降维思维，将原先的多个指标转化为少数几个综合性指标，即主成分。每个主成分均能不重复、相互独立，且反映出大量的原始变量信息，使问题表征简单易见。

（2）聚类分析法（cluster analysis）。聚类分析法同样是通过高数方法定量确定各个评价指标之间的相关系数，并根据相关系数的高低进行聚类，进行指标的综合评定方法。其基本思路是：假设研究的样品（样本）或者指标（变量）之间存在程度不同的相似性，例如有的样品在某些指标上更相近，有的相对则更疏离，通过样品间距之间的亲疏关系进行衡量，然后归类，将相似程度较大的样品（或指标）聚合为一类，而另外一些彼此间相似程度较大的样品（或指标）又聚合成为另一类，直到把所有的样品（或指标）聚合完毕为止，通常情况下，聚类分析法分为 Q 型聚类分析和 R 型聚类分析两大类。前者是对变量进行分类处理，后是对样本进行分类处理。

（3）回归分析法（regression analysis）。回归分析法也是一种回归方程式，是运用数理统计方法，在掌握大量观察数据的基础上，建立出因变量与自变量之间的回归关系函数表达式，是可以探寻康养产业各因子之间的因果关系的方法。这一方法具体包括一元回归分析、多元回归分析。一元回归分析是当研究的因果关系只涉及因变量和一个自变量的情况；多元回归分析则是当研究的因果关系涉及因变量和两个或两个以上自变量的情况。因此，这种因果关系既可以是线性的，也可以非线性的。

（4）模糊综合评价法（fuzzy comprehensive evaluation method）。模糊综合评价法基于模糊数学的综合评价方法，根据其中的隶属度理论将定性评价转化为定量评价，运用模糊数学对受到多种因素制约的事物、对象作出总体评价的方法。此方法结果清晰、系统性强，对难以用精确数学方法描述的相关问题具有其特别优势，更加适用于各种非确定性问题的解决，但是隶属度函数的确定需要研究者的进一步深入研究。模糊综合评价法虽然是一种定量分析法，但是它不同于前三种方法（主成分分析法、聚类分析法和回归分析法），前三种方法具有全面性、客观性、合理性、可比较性等特点，但是由于其扎根于高数理论公式，需要具备大量的统计数据才可有效量化，而模糊综合评价法则没有这一要求。

（5）灰色关联法（grey relational analysis）和灰色聚类法（grey clustering method）。灰色关联法和灰色聚类法这两种方法均属于灰色系统分析方法的一种，是通过确定参考数据与其他各类比较数据几何形状的相似程度而判断各因子之间的关联度的方法，在一定程度上弥补了数据出现残缺性不完整、部分数据不准确的瑕疵，但是这些方法的使用需关注最优值的选择。

3. 系统评价法

系统评价法是对新开发的或改建的系统，根据预定的系统目标，用系统分析的方法，从技术、经济、社会、生态等方面对系统设计的各种方案进行评审和选择，以确定最优或次优或满意的系统方案。系统评价法常用的有以下四种方法。

（1）数据包络分析法（data envelopment analysis，DEA）。数据包络

分析法作为一种线性规划模型，通过多项投入指标和多项产出指标，对具有可比性的同类型单位进行相对有效性评价的一种数量分析方法，表示为产出对投入的比率，对数据的样本量要求不高，数量并不需要太多，可以同时对多项投入指标和多项产出指标进行评估。但是，此方法的弊端是只能看出比率的相对性，无法测定实际水平是多少。

（2）层级分析法（analytic hierarchy process，AHP）。层级分析法也叫作层次分析法，它是一种定性评价与定量分析相结合的方法，具有系统性和层次性，即把一个复杂的系统分解成目标、准则、方案、因素等若干层次，用求解判断矩阵特征向量的办法，获得每一层次各元素对上一层次某元素的优先权重，最后再用加权和的方法进行相对量比较，对结果进行排序的方法。这种方法系统且简洁，所需的定量数据信息较少，结果的可信性高，但是，当指标过多时数据统计量大，并且其权重难以确定，不能为决策提供新方案，只是从备选方案中选择比较优秀的项目。

（3）系统动力学方法（system dynamics）。系统动力学方法是遵循通过分析社会经济系统内部各变量之间的反馈结构关系来研究整系统整体行为的理论方法，尤其适合处理具有周期性和长期性、且精度要求不高又相对复杂的社会经济问题，对于数据不足的量化可进行推算分析，并有条件进行预测。例如，对康养产业布局、康养产业组织等产业经济对象的分析等。但是，此方法针对实际系统的结构与运行状况并不能精确地进行描述。

（4）系统仿真法（system simulation）。系统仿真法是根据康养产业系统分析的目的，通过分析产业系统各个要素的性质以及各个要素的相互关系，建立起具有一定逻辑关系或数量关系的、能够描述系统结构或者行为过程的仿真模型，在此基础上开展定量分析以及进行实验，以求获得相对决策的数据信息。这种方法能够较为真实地模拟与运行、演变、推进系统发展过程，通过系统仿真，将复杂系统更换为若干子系统更详尽的进行分析，并启发新的思路。当然，建模的过程并非易事，它是复杂的、长期的。

4. 智能评价法

智能评价法运用人工智能方法处理评价数据。对评价数据进行清洗、集成、变换和规约等操作，提高评价数据的质量，并利用数据挖掘技术从评价数据中提取数据的模式与内在逻辑，发现评价知识，提高评价数据的价值。通过智能化的数据处理过程，可以有效解决评价中的大规模数据处理、不确定性信息描述和评价知识挖掘等问题。

（1）人工智能方法（artificial intelligence methods）。人工智能方法是通过计算机来模拟各行业，如人类一般具有某些思维过程和智能行为，具有自适应、自学习系统的样本学习机制评价的方法。其中，机器学习是人工智能方法最主要的实现手段。

（2）群体智能算法（swarm intelligence algorithm）。"群体智能"概念来自研究者对自然界昆虫群体的观察，群居性生物通过协作，从而表现出的宏观智能行为特征被称为群体智能。在此基础上，群体智能算法可以理解为对具有相对简单、单一智能的主体，或无智能的主体通过合作互助的形式，从而表现出更高智能行为特征的模拟方法，对其进行结果演算与评价，例如，蚁群算法、网络化数据挖掘等。这种智能模拟精准且客观，但是因为是群体智能，对样本有较高要求。

5. 综合评价法

综合评价法就是将以上几种方法进行有机的结合，比如将数学方法与系统评价法结合、将定性研究法与定量分析法结合、将人工评价法与智能评价法结合。其中，数学方法与系统评价法结合是指将数学原理融入系统评价法之中，以提升系统评价法的可靠论断。定性研究法与定量分析法结合是指实现定性研究与量化研究相结合，以期获得更加综合、相佐证的结论。人工评价法与智能评价法结合是指将人的智慧与硬件智慧相结合，提升智能评价水平。这些综合评价法因为结合了各种方法的优势，在获得的结论上具有更高信度，但是至于具体怎么结合，用哪些方法结合，则需要量体裁衣了。

5.2.2 康养产业发展评价指标构建的原则

1. 科学性原则

康养产业发展的评价指标需在决策科学理论的指导下，运用科学思维方法、遵循科学决策的程序开展决策。相较于经验决策而言，科学决策的指标会更加全面、精确，具有科学预测性和严谨性，论证需要充分恰当，实施起来才会更加清晰。因此，康养产业的发展一定是遵循产业自身的实际情况，遵循产业发展规律，客观且科学地选择评价指标。

2. 系统性原则

一方面，康养产业的发展离不开产业基础、生态环境、资源情况、技术水平、社会经济等众多因素的影响，康养产业发展的评价指标要具有系统全局观，既要全部综合地反映产业总体特征，也要避免同层级指标之间交叉错乱，重叠不清，保持评价指标的整体性特征。另一方面，要综合系统地考虑康养产业发展带来的经济效益、社会效益、生态效益等。

3. 生态性原则

生态性原则要求康养产业的发展要与资源环境的承载力相匹配与协调，关注产业发展中生态环境的重要性。康养产业的发展与生态环境的保护相辅相成，前者对后者起到积极保护作用，后者反过来将为前者提供更好、更深入的发展空间。这一原则要求在构建康养产业发展评价指标体系的过程中，一方面要关注生态平衡，以最小的环境破坏获得康养产业最大限度的发展；另一方面要重视生态美学，也就是从审美的角度体现出生命、和谐和健康的特征。

4. 可持续性原则

可持续性原则涉及康养产业发展与生态环境的重要性，其关注点在于康养产业发展的长久持续性。资源和环境是康养产业发展的基础和条件，资源的永续利用和生态系统的可持续性的保持是其发展的首要条件。在康养产业发展的指标评价体系中，应坚持可持续发展原则，这将促进同代人之间的公平，以及代际人群之间的公平，促进康养产业自身、区域经济和社会、生态环境的长久发展。

5. 可操作性原则

可操作性原则也是可量化原则、可度量原则，是指康养产业评价指标的选择要尽可能考虑相关产业数据是否更容易获得，指标是否更准确地可进行度量，关注数据的切实可行、评价的具体量化，善于使用专家学者采用过的评价指标为参考标准，优先考虑在官方数据统计中出现的相应指标，以此作为参考，为管理决策和相关产业部门提供一定的参考价值。

6. 技术性原则

康养产业的发展离不开技术，技术中涵盖了可持续发展原则与生态性原则，产品与项目既体现出康养特色，又与生态理念一致，这就要求高效率、节能环保、循环利用等高要求的特色技术，反映出康养产业在生产技术层面上的差别指标。

7. 多目标评价最优原则

多目标评价最优原则主要强调康养产业发展的多个指标结构模块不仅需要体现康养产业的发展价值，发挥满足生活环境质量从而提高健康、养生、养心等层面的作用，也需要体现社会稳定、环境可持续发展等目标。如果只用简单的评分加和，则可能出现某个模块得分很高，而其他模块的缺陷被掩盖的情况，因此应该坚持多目标评价最优的原则。

5.2.3 康养产业发展评价指标体系

为了系统、全面、科学地选择康养产业发展评价指标，本书整合与参考了《"健康中国 2030"规划纲要》《"十三五"健康老龄化规划》《国家全域旅游示范区验收标准（试行）》《国家生态旅游示范区建设与运营规范》《国家康养旅游示范基地》《旅游度假区等级划分》等相关资料，结合数据的可获得性，构建了包括生态环境、医疗资源、产业融合、民生幸福和康养政策 5 个一级指标，19 个二级指标和 32 个三级指标的康养产业发展评价指标体系。详见表 5 - 2。

表 5 - 2　　　　　　　　　康养产业发展评价指标体系

一级指标		二级指标		三级指标
内容	权重/（％）	内容	权重/（％）	内容
生态环境	35	空气指数	70	空气质量指数
		绿化指数	10	建成区绿化覆盖率
		温度指数	10	适宜温度
		水源指数	10	水资源量/行政面积
医疗资源	15	人均医院数量	25	医院数量/人口
		医院总数量	10	医院数量/最大
		人均医护人员数	25	医疗人员/人口
		医护人员总数量	10	医疗人员/最大值
		人均床位数目	20	床位数/人口
		床位总数目	10	床位数/医院数

续表

一级指标		二级指标		三级指标
内容	权重/(%)	内容	权重/(%)	内容
产业融合	15	教育	40	教育支出/人口
				教育支出/最大值
		旅游	30	旅游收入
				接待人次
				旅游业收入/GDP
		科技	30	科学技术支出/人口
				科学支出/最大值
民生幸福	20	消费居住	70	房价收入比
				人均居住用地面积
		交通便利	15	城市道路公里数/最大值
				城市道路公里数/建成区面积
				邮局数/最大值
				邮局数/建成区面积
				公共汽车量/城市道路公里数
				公共汽车量/最大值
		生活保障	15	养老保险参保率
				医疗保险参保率
康养政策	15	基础建设	30	公共财政支出/人数
				公共财政支出/最大值
		城市维护	20	城市维护建设资金支出/建成区面积
				城市维护建设资金支出/最大值
		康养规划	50	康养规划指数

注：指标体系中涉及的数据来自 2021 年和 2022 年政府官网上公布的数据，部分难以获得的数据则采用近几年的平均值。

在此，对上述指标含义解释如下。

（1）生态环境。包括空气指数、绿化指数、温度指数和水源指数 4 个二级指标。其中，空气指数采用气象局公布的空气综合指数，绿化指数采用城市建成区绿化覆盖率，温度指数采用年均气温，水源指数采用全市总水资源量除以行政面积的值。

（2）医疗资源。包括人均医院数量、医院总数量、人均医护人员数、医护人员总数量、人均床位数目、床位总数目6个二级指标。其中，人均医院数量指医院数量除以人口数量的值，医院总数量是指医院数量除以对比城市中医院数量最大城市的医院数量的值，人均医护人员数是指医疗人员除以人口数量的值，医护人员总数量是指医疗人员除以对比城市中医疗人员数量最大城市的医疗人员数量的值，人均床位数目是指床位数除以人口数量的值，床位总数目是指床位数除以对比城市中床位数最大城市的床位数目的值。

（3）产业融合。包括教育、旅游和科技3个二级指标。其中，教育包含教育支出除以人口数量的值，教育支出除以对比城市中教育支出最大城市的教育支出的值；旅游包括旅游收入，接待游客人次，旅游业收入除以GDP的值；科技包括科学技术支出除以人口的值，科技支出除以对比城市中科技支出最大城市的科技支出的值。

（4）民生幸福。包括消费居住、交通便利和生活保障3个二级指标。其中，消费居住包括房价收入比，即房价格与城市居民家庭年收入之比，人均居住用地面积；交通便利包括城市道路公里数除以对比城市道路公里数最大城市的城市道路公里数的值，城市道路公里数除以建成区面积的值，邮局数除以对比城市中邮局数量最多城市的邮局数的值，邮局数除以建成区面积，公共汽车量除以城市道路公里数，公共汽车量除以对比城市中公共汽车量最大城市的公共汽车量的值；生活保障包括养老保险参保率和医疗保险参保率。

（5）康养政策。包括基础建设、城市维护和康养规划3个二级指标。其中，基础建设包括公共财政支出除以人数，公共财政支出除以对比城市中公共财政支出最大城市的公共财政支出的值；城市维护包括城市维护建设资金支出除以建成区面积，城市维护建设资金支出除以对比城市中城市维护建设资金支出最大城市的城市维护建设资金支出的值；康养规划主要包括康养规划指数。

评价方法以定性和定量相结合，其中，定量评价方法主要用综合值法计算相关数据，即将所有不同类型的数据采用综合值法统一数据类别和格式，使数据具有可比性。

5.3　本 章 小 结

一个地区的康养产业是在一定的资源、市场、区位、社会经济条件、国家法律政策以及地区文化背景等产业发展基础上逐渐发展起来的。建立康养产业评价体系，是衡量康养产业发展的前提基础。本章在对常用的康养产业发展的五种评价方法进行对比研究的基础上，在遵循科学性、系统性、生态性等七大原则的前提下，综合考虑对康养产业发展起重要影响的若干因素，尝试性地构建了康养产业的统计监测体系和评价指标体系。

第6章　康养产业的发展模式与趋势

6.1　康养产业发展模式

每一个产业的发展都有其自身的演化过程，康养产业也概莫能外。随着康养产业发展所处生命周期的不同，以及外部环境和影响因素的变化，推动康养产业发展的主要驱动力也将体现为一个不断转换和演进的过程。在当前的康养产业实践中，可以总结出五种比较明确的产业发展模式：资源优势驱动模式、产业融合发展模式、跨区域市场融合发展模式、智慧康养发展模式和产业生态圈发展模式（李博和张旭辉，2022）。

1. 资源优势驱动模式

在产业生命周期中，要素驱动模式多见于初创期。这些基本的生产要素，可能是先天形成的自然资源，或是适合农作物生长的肥沃土壤及光热条件，或是丰富而廉价的劳动力。在这一阶段，产业发展的驱动力简单、产品（服务）单一，具有经营管理边界清晰和受众群体广等优势，同时也具有产业发展松散、技术含量偏低和规模突破困难等问题，因此随着产业的发展，将历经产业转型，被其他的产业发展模式所取代。

2. 产业融合发展模式

对于康养产业而言，由于其天然具有的横跨三次产业的包容性特征，使融合发展成为康养产业在进入成长期的新发展动力。康养产业的融合发展指通过康养优势资源与更多要素的新结合，或对康养优势资源价值的再发掘与资源重组，或与关联产业建立协同而升级康养服务（产品），催生出新的产业形态和商业模式。

3. 跨区域市场融合发展模式

康养产业以服务业为主，这意味着大多数康养服务的生产和消费在时间上具有同一性，供给者和需求者在空间上具有接近性。同时，康养产业对于特定地区优势康养资源具有较大的依赖性。三者共同决定了康养服务的辐射范围远远小于贸易性更强的有形产品，且在很大程度上受到交通和通信等基础设施条件的制约。在此情况下，康养产业如何更有效地开拓更广阔的市场空间，就成为一个亟待解决的问题。康养产业实践对此的回答是：走跨区域市场融合的发展模式。

4. 智慧康养发展模式

智慧康养实质上是一种状态与技术的结合或需求与供给的结合，智能技术是供给侧的核心要素，而康养状态决定了客观需求。它以先进的信息管理技术、无线传感网络、可视化通信、人工智能、大数据和区块链等技术手段为基础，通过技术渗透或扩散而深度嵌入到康养产业中。在催生出新的康养业态的同时，实现信息与资源的共享，跨越时间、空间与人群边界，将康养人群、康养资源、康养企业、康养产品、医疗机构、政府和服务机构等整合成一个有机整体，为各类康养人群提供更便捷、更多样和更契合需求的服务，推动着产业向实时化、场景化、智能化和定制化方向发展。

5. 产业生态圈发展模式

自 1993 年摩尔（Moore）首次提出"商业生态系统"概念以来，国内外学者逐渐建立和拓展产业生态圈研究领域。依据袁政（2004）提出的产业生态圈概念，结合康养产业的特性，"康养产业生态圈"可定义为：一定地域范围内以康养产业为核心，具有动态开放性和关联融合性的地域产业多维网络体系。产业生态圈具有开放、合作、有序、共生、共享和共赢的特征，是一种新型的产业发展模式和布局形式。康养产业生态圈发展模式超越了过去的上下游产业链拓展模式与产业集群打造模式，是一种更高层次的康养产业发展新模式。

6.2　康养产业发展趋势

6.2.1　消费需求多元化

随着生活水平的提高，人们越来越追求高品质的生活，对于康养产业的需求也从最初的较为单一的"健康 + 养老"向运动、中医药、旅游、体育、文化等多维度发展，呈现出多元化的发展趋势。运动康养、疗愈康养、研学康养等新兴的康养产业业态不断涌现，以满足人们对于康养的多元化消费需求。

1. 运动康养

运动康养是在康养产业大发展的背景下，运动与旅游、医学相结合而形成的一种重要的康养产业发展新业态。近年来，运动康养业态从诸多康养业态中脱颖而出，在百亿级康养项目中占有一定比例（何莽，2022）。消费者通过日常休闲运动、运动旅游、运动康复等达到健身、娱乐、诊疗等效果。从消费者需求视角，运动康养包括健身运动康养、健美运动康养、娱乐运动康养、医疗运动康养等细分的业态形式；从市场供给视角，运动康养包括运动体育场馆、运动旅游小镇、运动节事运营等不同的模式。

2. 疗愈康养

疗愈康养是指面向亚健康、常见病、老年病、伤残或手术治疗恢复期等人群，充分发挥各类疗愈方法和疗养因子的功效，取得健康状况改善、病症缓解的效果。疗愈康养不借助专业的临床治疗，而是强调遵守自然疗法，依靠良好的自然环境和科学的疗养方法，通过不干预身体自然运作的方式来增强身心自愈的能力。依据康养环境或康养资源的不同，疗愈康养可以分为中医药疗愈康养、森林疗愈康养、温泉疗愈康养等。

3. 研学康养

研学康养是以提高国民素质为主旨，以一定的修学资源为依托，以特定的旅游产品为载体，以个人的知识研修为目标开展的市场化专项旅游项目。研学康养的主要经营形式是研学旅游，具体又包括文化类研学旅游和农业类研学旅游。

6.2.2　产品品质化

产品品质化是指制造商生产出来的某种产品的质量，包括产品的稳定性、用户体验、可靠性、性能及感观等方面更加具有品牌效应和质量保障，能够更好迎合消费者对产品品质的需求。在大众对于健康、养生等理念越来越认同的背景下，康养产业回应了人们对于高品质生活的向往和需求，康养产品也越来越走向品质化的发展道路；另一方面，庞大的康养人群基数和需求与现有公共资源及健康养老资源短缺之间的矛盾关系，势必带来康养产业不断变革和新康养产品及模式的出现（何莽，2018）。康养产品品质化能够丰富康养产品的内涵，提升康养产品的功能，使康养产品更好迎合康养消费者的消费需求，有利于缩小康养产业的供需矛盾，促进康养产业实现可持续发展。

6.2.3 管理方式智能化

大数据时代，利用信息化手段在康养产业管理中的应用，能够推动康养产业管理方式向智能化方向发展。管理方式智能化促进了康养供给的多元化、康养服务的信息化、康养管理的智能化。康养供给的多元化将不断提升康养产品的智能化水平和便捷化水平，带动康养产业的高效发展，能够创新康养服务供给，解决康养服务供需矛盾；康养服务的信息化带来以康养大数据为核心的现代康养模式的创新，通过建立数据交换平台与信息共享渠道，提供基于智慧技术的现代化康养服务，全面提升康养服务质量，为康养受惠群体提供健全人格、健康心智、健美形象的全方位康养服务，扩大康养服务的覆盖面；康养管理的智能化能够促进现代科学技术在康养管理中的应用，有利于提高康养资源的使用效率，显著提升康养产业的管理水平。

6.2.4 三产深度融合化

康养产业的产业范畴横跨一二三产业，具有综合化的产业特征。随着康养产业的发展，康养产业与其他产业深度融合，呈现出三产深度融合化的发展趋势，具体包括以康养为核心的三大产业内的深度融合化，以及以康养为核心的三大产业间的深度融合化。

以康养为核心的三大产业内的深度融合化，是指依托"康养+"激活三大产业内部的产业融合发展新动能，加强三大产业内部的有机融合，以新模式、新业态促进康养产业的发展。在"康养+农业"发展模式下，康养农业企业主要是依托其原有的良好生态资源进行产业发展，是乡村振兴、农业产业升级的重要体现；在"康养+工业"发展模式下，康养制造业企业通过将康养市场需求与传统制造业有机结合，形成新的以药品制造、医疗器械制造和智能设备制造为主的业态；康养服务业企业是目前康养企业的主力军,"康养＋服务"发展模式是目前以康养为核心的三大产业内的深度融合化的最有代表性的模式(何莽,2022)。

随着政策、资本、科技等诸多要素的持续注入与完善,康养产业将走向链条化发展并与周边产业形成有效互动(何莽,2018)。这种链条化发展以及与周边产业形成的有效互动将不断促进以康养为核心的三大产业间的深度融合化,联结健康、养老、医疗、农业等不同业态的三大产业间的融合发展新模式将不断涌现。

6.3　本 章 小 结

本章针对康养产业发展的资源优势驱动模式、产业融合发展模式、跨区域市场融合发展模式、智慧康养发展模式和产业生态圈发展模式五种模式进行了介绍,其中资源优势驱动模式、产业融合发展模式已日趋成熟;跨区域市场融合发展模式、智慧康养发展模式和产业生态圈发展模式则正处于不断深化演进的过程中,并将推动康养产业不断向前发展。同时,从消费需求多元化、产品品质化、管理方式智能化、三产深度融合化四个方面介绍了康养产业的发展趋势。

下篇 康养产业创新实践

第7章 攀枝花市康养产业
发展的创新与实践

自 2010 年以来，攀枝花市充分发挥资源优势，以前瞻发展视野、改革创新思维、市场机制理念，在全国首倡"康养"理念，领办"中国康养产业发展论坛"，成立全国首家国际康养学院，设立全国首家专门的康养产业发展机构"康养产业发展局"，创造性地提出并发展康养产业，积极探索构建"康养＋"大产业体系，率先发布康养产业地方标准，成为全国发展康养产业的开拓者、先行者，在国内享有较高知名度。

7.1 一座以"花"命名的资源型城市

1. 攀枝花是全国唯一一座以花命名的城市

攀枝花地处川滇交界处，北距成都 630 公里、南距昆明 280 公里，是四川的南向桥头堡，是凉山、昭通、楚雄、大理、丽江五市（州）的几何中心，与五市（州）首府直线距离均在 200 公里左右。全市行政区域面积 7414 平方公里，辖五个县区，常住人口 121.6 万，是一座富有现代工业气息的西南小城，获得过"中国气候宜居城市""中国优秀旅游城市""国家卫生城市""国家森林城市""国家园林城市""全国营商环境百强城市""全国首批市域社会治理现代化试点城市"等称号。

2. 攀枝花是因三线建设而生的英雄城市

20 世纪 60 年代，面对严峻复杂的国际形势，党中央、国务院作出了三线建设重大决策，攀枝花因丰富的钒钛磁铁矿被列为重中之重，成为新中国首批资源开发特区，承担起了国家战备重任。开发建设以来，全国各地数十万建设大军奔赴攀枝花，投身钢铁基地大会战，创造了在 2.5 平方公里坡地上布局成套大型钢铁联合企业、突破筑路禁区建成成昆铁路、攻克用普通高炉冶炼钒钛磁铁矿世界性难题等奇迹，成为我国西南钢铁重镇，特别是攀钢生产的含钒百米钢轨，占全国高铁轨道产量的 40%，远销全球 30 多个国家和地区。攀枝花开发建设，圆满完成了国家战备任务，为新中国工业化和现代化贡献了重要力量。在三线建设火热实践中，孕育铸就了"艰苦创业、无私奉献、团结协作、勇于创新"的"三线精神"，曾在央视一套黄金时间播出的电视剧《火红年华》就是全景反映这一英雄历程的史诗巨著。

3. 攀枝花正倾力打造中国钒钛之都

攀枝花市域内矿产资源富集，已发现矿产 76 种，钒钛磁铁矿探明储量 86.7 亿吨，钛、钒保有储量分别为 5.71 亿吨、0.15 亿吨，居世界第一和第三。被全域纳入攀西国家战略资源创新开发试验区，全系列冶金用钒制品产业链逐步形成，钒钛产业链完整度在全国居首，成为国内第一、世界第二的钒制品生产基地和国内最大、全球重要的全流程钛工业基地。拥有钒钛资源综合利用国家重点实验室、全国钒钛磁铁矿综合利用标准化技术委员会等国省级创新平台 41 个，钒、钛综合利用率分别达 44%、29%，科技创新水平指数居四川省前列。

4. 攀枝花正努力转型为全国康养胜地

攀枝花拥有得天独厚的海拔高度、体感温度、空气湿度，冬无严寒、夏无酷暑，是"一座没有冬天的城市"。全市森林覆盖率 62.38%，阳光明媚、鲜花盛开、空气清新、舒爽宜人，被评为"全国呼吸环境十佳城市"。攀枝花是四川省唯一的亚热带水果生产基地，被纳入国家现代农业示范区、全国首批特色农产品优势区、全国立体农业示范点和"南菜北调"基地，盛产特色"攀果"、早春蔬菜，特别是攀枝花芒果成熟最晚、品质优越，畅销国内外。教育和医疗水平区域领先，每千人口医疗资源数量高于全国和全省平均水平，人均期望寿命达 78.58 岁，基础教育办学水平居全省第一方阵，吸引周边区域大量群众就医、就学。近年来，大力发展康养旅游度假产业，入选首批国家医养结合试点城市、中国康养 20 强市、中国城市宜居竞争力排行榜 50 强、中国最具幸福感城市。

7.2　攀枝花发展康养产业的优势

7.2.1　适宜的气候条件

气候康养目的地的核心支撑是当地优越的气候条件，在不同的季节中，受气温、湿度、海拔、日照和空气质量等气候因素的影响而形成（何荟，2021）。攀枝花地处北纬 26 度，平均海拔为 1300 米，属南亚热带干热河谷气候，特殊的纬度、海拔和海陆位置，使攀枝花拥有特别适宜人类休养生息的"六度"资源禀赋（温度、湿度、海拔高度、优产度、洁净度、和谐度），年日照 2700 小时，无霜期 300 天以上，年均气温 20.7℃，空气质量及生态环境优良，$PM_{2.5}$ 常年低于 $35\mu g/m^3$，是避寒、避暑、避霾的理想胜地。经过临床试验探究，相比于海南三亚等著名康养城市，攀枝花市特有的气候对慢性病等辅助治疗功效和康养作用正在被越来越多的专家学者和康养消费人群所认同。

7.2.2　优美的森林资源

森林康养起源于 20 世纪德国创建的森林浴疗法，2015 年，四川省公布首批森林康养试点示范基地名单；次年，国家林业局在全国范围启动森林养生基地试点建设（王忠贵，2020）。攀枝花拥有富氧的森林资源，森林覆盖率62.38%，由海拔自低至高的干热河谷植被恢复区、中低山多效兼营区、中高山重点生态保护区三个林业经营区组成，全市林业用地面积55.89万公顷，占全市土地面积的75.1%，其中，有林地面积42.39万公顷，疏林地0.21万公顷，灌木林地面积9.64万公顷。攀枝花市仁和区万宝营等多个森林康养基地被纳入全省全国试点示范，具有发展以森林疗养、保健、养生为主，兼顾休闲、游憩和度假等一系列有益于人类身心健康活动的优质森林康养资源和环境。

7.2.3　丰富的生物资源

较世界同纬度地区，攀枝花属干热河谷，位于中国的峡谷型避寒区之中；较亚洲其他同纬度地区，攀枝花形成了独特的立体气候，更适宜动植物的生长。全市共有植物190余科近900属2300种，植物资源中有木材类植物约100种，纤维类植物约80种，主要药材类植物约300种，观赏植物类约100种，饲料类植物约80种，芳香类植物约70种，油脂类植物50余种，鞣料植物约60种，野生果蔬植物约60种，植物性农药约20种，野生食药用菌30余种；动物500余种，其中两栖类、爬行类、兽类动物近200种，鸟类300余种，有国家重点保护的野生动物35种、野生植物14种，是我国重要的生物多样性保护区域。

7.2.4　独特的温泉资源

温泉是重要的天然康养资源之一，攀枝花市拥有被日本温泉专家誉为"世界罕见的温泉"——红格温泉资源。该温泉为含偏硅酸的镭、氡、氟、硫化氢的高温医疗矿泉，内含60余种有益于人体健康的微量元素，其指数达到全国医疗矿泉标准，其中泉水里氡气浓度为40Bq/L左右，兼具医疗、保健、养生作用；温泉井口水温最高可达 57℃，日流量 240 吨，尤其是温泉水在受天气影响时，会随水温变化呈现出清澈、淡绿、乳白 3 种不同的颜色，是全国少有的优良氡泉，对治疗风湿病、关节炎等病症有显著疗效，是国内外少见的优质复合型温泉，且具有储量大、品质优、特色鲜明、开发条件好等优点。

7.2.5　良好的经济基础

2022 年攀枝花市地区生产总值（GDP）为 1220.52 亿元，按可比价格计算，比上年增长 3.5%。人均 GDP 10 万元，居四川省首位。全年城镇居民人均可支配收入 50009 元，比上年增长 4.4%。农村居民人均可支配收入 23364 元，增长 6.3%。全年城镇居民人均可支配收入高于全国 4.93 万元、四川省 4.32 万元，全年农村居民人均可支配收入高于全国 2.01 万元、四川省 1.72 万元。

7.2.6　强有力的体制机制

在组织机构方面，攀枝花市成立了由市委、市政府主要领导担任组长的康养产业发展领导小组，下设办公室、规划建设组、产业发展组、营销策划组，构建起领导小组牵头抓总、"1＋3"工作组具体落实的工作机制。组建了全国首个康养产业发展局和康养产业发展中心，制定出台了阳光康养产业发展规划等系列文本。在政策方面，专门出台了支持康养产业发展的政策，包括《攀枝花市深入推进康养发展的实施意见》《攀枝花市建设全国阳光康养旅游目的地的实施意见》《攀枝花市促进健康服务业发展实施方案》等，政策支持力度大、覆盖面广。在战略方面，2021 年 9 月，中国共产党攀枝花市第十一次代表大会提出"构建阳光康养产业生态圈"等发展战略，为攀枝花打响特色康养品牌、发挥辐射效应提供了战略保障。

7.3 攀枝花康养产业发展历程

7.3.1 第一阶段——危中寻机

2004—2009 年，危中寻机，冬季旅游孕育催生康养产业。攀枝花是典型的资源开发型重工业城市，由于"重发展、轻环保"，2004 年被戴上"全国十大空气污染城市"的"帽子"。随后，攀枝花大力开展产业转型、城市转型，2005 年成功召开四川省首届冬季旅游发展大会，同年获颁"中国优秀旅游城市"称号，是继大庆、克拉玛依之后第三个获此称号的以工业和能源生产而建市的城市。自此以后，攀枝花开启了"以倾力打造中国阳光生态旅游度假区为重点，发展壮大第三产业"的转型之路。

7.3.2 第二阶段——困中破局

2010—2015 年，困中破局，以旅居养老为主要业态的康养产业起步发展。2010 年，攀枝花市首次提出"康养"理念，将"中国阳光花城"作为未来发展的三大战略定位之一。2012 年，启动创建中国阳光康养旅游城市工作，利用独特的光热资源优势，推动康养旅游产业蓬勃发展，成为攀枝花市经济新的增长极。2014 年 7 月，民革中央在来攀调研后，向中共中央、国务院提交了《关于大力发展健康与养老产业的建议》，提出"将健康与养老产业定位为国家现代服务业发展战略中的一个重要方向，以医养结合为突破口，完善产业政策体系，抓好政策督促落实；重视专业人才培养；设立国家康养产业发展试验区"等若干意见和建议。在此阶段，攀枝花市康养主要以"孝敬爸妈，请带到攀枝花"为宣传口号，通过开办公办养老服务机构、社区养老服务中心、民营养老机构和

休闲度假机构等，为来攀过冬的"候鸟型老人"提供养老服务。2014 年
12 月，攀枝花成功举办首届"中国康养产业发展论坛"，来自国内外 600
多位知名专家、学者齐聚攀枝花，共同探讨中国康养产业发展前景和发
展路径的新思想、新理念与新战略，形成《中国康养产业发展论坛攀枝
花共识》。同时，攀枝花市委提出创建"中国阳光康养产业发展试验区"
的战略定位，成功签约 21 个康养产业项目，总金额 240.43 亿元，开创了
攀枝花全面康养发展新阶段。

7.3.3 第三阶段——变中求进

2016—2022 年，变中求进，"三全"理念加速推动康养产业融合发
展。2016 年，攀枝花市委、市政府把康养产业确定为全市重点产业，与
凉山州签署"十三五"区域合作协议，共建国际康养旅游度假区和交流区
办公总部基地，打造中国西部最佳休闲阳光度假旅游目的地，并将"加快
建设中国康养胜地"放在"加快建设四川南向开放门户""加快建设中国
钒钛之都""加快建设中国阳光花城"的战略决策中，极大推进了攀枝花
阳光康养建设。2016 年 12 月，攀枝花市成立全国第一所康养学院——攀
枝花国际康养学院，2017 年 9 月首次招收护理、康复治疗、老年服务与
管理、旅游管理等康养相关专业学生，加大了康养全产业链人才培养力
度，使其专业链对接了康养产业链发展的需要。2017 年，构建了中国阳
光康养产业试验区"康养 + 产业"体系，创造性提出并实施了"康养 +
农业""康养 + 工业""康养 + 医疗""康养 + 旅游""康养 + 运动"的康
养产业发展战略。2017 年，在第三届"中国康养产业发展论坛""康养
攀枝花·东方太阳谷"成果发布会上，攀枝花率先发起在 19 个城市中成
立康养城市联盟的倡议，协同探索康养产业发展的新路径，为康养产业
发展开创了新局面。攀枝花在全国率先制定并发布了康养产业地方标准
13 项，并在全国范围内，首次对康养服务、康养产业等基础术语进行定
义，该标准的发布标志着攀枝花在全国率先掌握了康养领域发展的话语

权。攀枝花市成功入选中国康养城市排行榜前50强。2018年，在四川召开的首届旅游新媒体国际营销大会上，攀枝花率先发布了《全国阳光康养旅游目的地指标体系》，并新增制定发布康养产业地方标准9项，成功入选全国康养产业可持续发展10强地级市。同年，四川省委给予了攀枝花"建设国际阳光康养旅游目的地"的全新定位。2018年，立足构建全省区域发展新格局，6月，在四川省委召开的十一届三次全会上，提出了"把攀西经济区建成国家战略资源创新开发试验区和国际阳光康养旅游目的地"的全新定位，这为攀枝花立足资源优势，促进"康养＋产业"发展厘清了思路，提供了遵循，明确了重点，增强了后劲。2020年建立了攀枝花康养大数据中心，使其成为全市的"智慧康养大脑"。围绕"惠民、兴业、优政"的建设目标，以个人健康管理为核心，以医疗健康数据为驱动，以居民和康养者的健康需求为引导，促进康养产业线上线下融合发展，让信息和数据更好地为居民和康养者、康养产业实体、基层医疗卫生机构和政府职能部门服务，力争成为全国智慧康养的新典范，推动康养产业高质量发展。2019年3月，为更好地发展康养产业，攀枝花专门成立了康养产业发展局，这也是四川省乃至全国到目前为止唯一一个为发展康养产业而专门设立的单位。同时新建了攀枝花康养产业技术研究院，为康养产业发展提供先进技术支持。2020年，四川省委再次提出"支持攀枝花打造成渝地区阳光康养度假旅游'后花园'"，为攀枝花市康养产业发展进一步指明了方向。在此阶段，攀枝花市委、市政府先后提出"冬日暖阳·夏季清凉""三养三避""全域化布局、全龄化服务、全时段开发"等发展理念，着力推动康养产业融合发展，康养产业的内涵及外延不断丰富，初步构建起独具特色的阳光康养产业发展体系。创新推动"康养进社区、康养进乡村"。推动产业高质量发展与基层高效能治理有机融合、民生福祉与产业新动能相互促进，努力把攀枝花打造成为"个个社区在康养、处处乡村在康养"的城市，探索出了一条全域康养、全民健康的发展新路径。进一步丰富了康养产业发展与内涵理论，探索出康养产业发展的新理念、新路径、新模式。同时，还发布了攀枝花市康养产业标准体系与监测体系，形成了《深入实施康养"5115"工程，推动"康养进社区、康养进乡村"行动》《做好"阳光文章"走出全域康养全民健康新路》等行动方案，坚持"1245"康养产业发展思路，即一个目标——全域康养、全民健康，两条路径——康养进社区、康养进乡村，四大举措——运动康养、旅游康养、居家康养、医养结合，康养产业"5115"工程——5 个国际康养旅游度假区、10 个特色康养村、100 个康养旅居地、50 个医养结合点。努力打造"闻者向往、来者依恋、居者自豪"的国际阳光康养游目的地。

7.4　攀枝花发展康养产业的模式："康养 +"

7.4.1　"康养 + 工业"优势凸显

康养制造是康养产业的重要组成部分，对康养服务业起支撑作用。康养制造主要包括医药、食品、用品、器械四大类。立足支撑攀枝花康养服务发展的迫切需要，突出攀枝花康养制造的"钒钛"特色，做大做强特色中药、康养食品产业，做精做特康养用品产业，培育发展智慧康养器材新兴产业，拓展产业链，建设产业集群，推进制造业转型升级发展。

1. 特色中药制造

发挥攀枝花传统的中医药材种植优势，大力推进中药材加工与医疗、保健服务融合，构筑以药品、保健食品、保健用品为核心的特色中药产业体系。积极拓展中药衍生产业。开发桑葚、芒果、螺旋藻系列酒、茶、功能性饮品食品等。

2. 康养食品深加工

围绕地区丰富的特色农产品资源，以精深加工为主线，延长农产品加工产业链。以绿色、保健养生、美容护肤为核心方向，突出特色化、品牌化，推动农业资源优势向康养食品用品制造产业优势转化。重点对特色亚热带水果等进行精深加工，开发中高端保健食品及用品。

3. 康养用品

包括康养药品，其区别于传统医药之处在于产品更注重于身体的保养和疾病的治疗，属于前端医疗护理；互联网时代下，还包括智慧穿戴用品，这种产品紧跟时代发展，蕴含丰富的科技含量，如智能手环等；另外，康养用品还包括各种健康养生产品的生产和制造，包括各种保健品、健康产品等。

4. 康养器械制造

充分利用新材料、电子信息、机械装备等相关领域的先进技术，结合健康服务需求，以康复辅具器械为核心，积极开发康复评定、康复训练、康复理疗等康复器械、设备。依托钛产业优势，推动形成完整的钛材生产加工产业链并着力向高端延伸，设立康复辅助器具产业综合创新试点项目；引进成熟的康复辅助器具产品研发、生产制造等行业龙头企业，大力建设康复辅助器具产业服务平台。

"康养＋工业"优势凸显，康养与工业融合初具规模。中华人民共和国民政部正式授予攀枝花市国家康复辅助器具产业综合试点。通过积极打造康复辅助器具、健康食品加工、中医药制造等重点产业，持续擦亮"攀枝花故事"钛工艺品品牌，提升医疗器械、体育器材、家居用品等钒钛终端产品质量和供给能力，攀枝花市被列为国家康复器具产业综合创新试点城市。2020年，全市有规模以上"康养＋工业"企业共19家，其中食品加工企业13家，旅游文化用品加工企业1家，其他康养企业5家，全年康养工业产业实现产值18.72亿元，康养工业增加值9.39亿元，占全市康养产业增加值的7.2%。

7.4.2 "康养 + 农业"成果丰硕

整合川西南、滇西北健康特色农业优势资源，以发展安全、绿色、有机、营养的高品质康养农产品为目标，以生产特色化、绿色化、有机化为路径，重点发展特色农产品种养殖、精深加工及康养美食开发。

1. 特色农产品生产基地打造

积极发挥安宁河流域的粮仓作用，建设优质粮油供应地。大力发展芒果、石榴、早春枇杷等特色优质水果产业，建立辐射全国的销售渠道，培育中高端水果消费市场。大力发展绿色反季蔬菜基地，以米易县蔬菜种植为龙头，集中打造绿色有机蔬菜基地。规范化中药材生产基地，积极发展长效本本中药材，按照生态化、良种化、规范化、标准化要求，建设高山片区绿色药材产业带。

2. 康养美食和功能性美食挖掘

依托国际康养学院的智力支持，深入挖掘攀枝花健康养生特色系列菜品，深度挖掘功能性美食。充分利用攀枝花绿色有机农产品和地道中药材、药食两用产品，围绕康复、养生、养老等特定人群的特殊需求，开发药膳宴、素食宴等功能性美食。培育康养美食名店。鼓励餐饮企业创建"名、优、特"品牌，将观光美食与健康养生融合发展，加快形成一批集休闲娱乐、疗养健身、农事体验等多种元素于一体的康养美食名店。

"康养 + 农业"成果丰硕，推动安宁河流域和金沙江沿岸农文旅融合发展。

围绕"产区变景区"发展观光农业，大力发展园区农业、科技农业、观光农业、体验农业。截至 2020 年，攀枝花市共建成涉农产业园区 20 个、休闲农业景区 17 个、省级农业主题公园 3 个，精品民宿 144 个、休闲农庄 23 个、农业科普基地 22 个，开发乡村精品旅游线路 9 条，被纳入国家现代农业示范区和全国立体农业示范点。围绕"田园变公园"发展体验农业，推动"田园变公园""农区变景区"，因地制宜发展特色康养观光农业、康养体验农业、康养乡村旅游等新业态。围绕"产品变商品"发展精致农业，芒果、枇杷、石榴、松露、桑葚干等畅销国内外。

7.4.3 "康养 + 旅游" 蓬勃发展

依托得天独厚的阳光资源禀赋，打造康养文旅精品线路和康养旅游综合体，培育丰富阳光康养旅游新业态，加强与周边景区的联系与合作，联合打造开放互动的康养旅游线路，推动重大项目跨区域合作，强化区域文化旅游联合宣传营销，大胆探索创新，推动康养与文旅产业深度融合发展。

1. 打造高品质康养旅游产品

围绕"国际阳光康养旅游目的地"建设，远近结合、分步实施、改造新建、串点成线。以游客体验为中心，以市场拓展为导向，集中推出三线研学一日游、瓜果采摘体验一日游、休闲都市夜经济一日游等线路产品。梳理文旅建设项目清单，加快建设 19 个省级重点文旅项目，高标准开发二滩水上乐园、马鹿寨露营、成昆铁路实景博物馆等旅游项目，集中资源打造一批有品质的度假旅游目的地产品。

2. 积极创建国家级全域旅游示范区

突出地域主题特色，积极打造并推广节假日休闲体验旅游产品，开展国家全域旅游示范区创建。积极开发打造具有地方特色的旅游景点，并通过旅游门户网站、微博、微信、抖音等网络公众平台，创新宣传营销方式，加强宣传推广，提高知名度，使攀枝花更多景区景点成为"网红打卡地"。积极推动米易县、盐边县创建国家全域旅游示范区。

3. 加强与周边区域协同发展

加强区域联动，主动融入大香格里拉旅游环线，构造"攀大丽（香）"区域旅游"金三角"。加强与楚雄、丽江、大理、迪庆、凉山等周边地区的交流合作，以线路互联为纽带，实现市场共拓、景点互推、客源互换、品牌共建，携手增强区域康养文旅产业竞争力。召开营销推介会，积极推介"三线文化游、阳光康养游、山水田园游、特色文化游、攀大丽（香）'金三角'环线游和大香格里拉游"6 条文旅精品线路。

4. 积极建设汽车自驾营地

编制汽车自驾营地建设方案，建设不同类型、不同档次、主题突出的汽车自驾营地。规划建设了一批"经营连锁化、服务系统化、建设标准化、管理规范化"的自驾车、房车营地，重点开展生态深度体验、越野营地、水上观光、温泉康养、房车旅游等新兴业态。推动自驾车旅游、房车旅游与康养产业相结合，打造川滇自驾旅居集散中心，融入全国性的汽车自驾服务网络。推动天际线房车露营地、故事里星空露营地、上村汽车房车露营公园、野风味山庄微营地等提档升级，完善城市公共服务配套。

"康养＋旅游"蓬勃发展，带动来攀旅游企业和旅游人数大幅增长。截至 2020 年，全市共拥有大山大水、工业遗存、三线文化、民族风情等各类文化资源 14783 个、旅游资源 3837 个，文旅企业 1055 家，建成 A 级以上旅游景区 23 个，星级旅游饭店 16 家，星级乡村酒店（农家乐）132 个。康养文旅融合发展持续促进旅游收入占攀枝花市生产总值的比重增大，年均增速大幅高于全国、全省平均水平。

7.4.4 "康养＋医疗"高速迈进

充分发挥攀枝花医疗资源在区域中的优势地位，通过建设高质量医疗高地，推进医养结合的新业态。以前沿医疗技术为核心，聚焦打造区域医疗健康中心，大力发展"养生经济"和"美丽经济"，配套完善的养生养颜设施，重点发展预防保健服务、多元医疗服务、康复疗养服务等产业，为群众提供高质量的治未病诊疗、中医药养生康复、医疗诊断、医护疗养、医美整形、健康检查、康复护理等服务产品，满足人民群众健康生活的需求。

1. 加快推动传统医学与康养产业融合发展

大力发展中医药养生保健服务，支持中医药大健康产品研发，鼓励有条件的旅游景区、度假区、园区开展中医药养生项目，支持各级各类医疗机构开展中医药特色养生、养老及康复服务，加快推进四川省中医医疗区域中心、四川省重大疾病中医药防治中心、中医药制剂生产研发中心和中西医结合康养示范中心项目建设，不断丰富四川省中医药治未病中心攀西分中心的内涵。2022 年，四川省治未病中心攀西分中心治未病项目达到 80 项以上，全市所有乡镇卫生院和社区卫生服务中心实现中医馆全覆盖，中医药院内制剂（含协定方）达到 50 种以上。

2. 推动康养医美产业健康发展

开展全市医疗美容服务能力提升行动，为求美者提供优质、高效、安全的医疗美容服务。2022 年，建成较为完善的医疗美容质控体系，打造以攀枝花市中西医结合医院为龙头的医疗美容中心。

3. 加快推动康养康复产业发展

依托攀枝花医疗产业资源和适宜的康疗养生气候，提供专业化的医疗诊断、医护疗养、健康检查、康复护理服务产品。根据攀枝花市人民政府 2023 年 11 月印发的《攀枝花市"十四五"医疗卫生服务体系规划》，到 2025 年，攀枝花每千人口执业（助理）医师数和注册护士数分别达到 3.78 人、4.7 人，医护比达到 1∶1.3，全市每万人口全科医生数达到 3.08 人。

4. 优化医养服务模式

打造一批复合型、机构型、社区型养老及特色主题养老专业机构，包括全龄社区、嵌入式服务中心、医养结合型养老机构、旅游养老机构等。截至 2022 年 9 月，已打造 1 家综合养老社区、1 家学院式养老项目、1 家保险养老社区。

5. 不断完善养老服务体系

推动优化提升一批医养结合机构和社区医养结合服务中心，引导各县（区）利用闲置的社会资源改造建设一批医养结合机构，支持医疗机构与养老机构通过合作共建、对口支援、协议托管等形式开展合作；支持建设医疗养老联合体或联盟，将养老机构内设符合条件的医疗机构纳入分级诊疗体系，畅通养老机构和医疗机构间双向转介的"绿色通道"。

"康养＋医疗"成果斐然，构建了全生命周期的医养体系。探索出医疗机构开办养老机构、养老机构内设医疗机构、养老机构与医院结对合作、社区医养护一体化服务 4 种具有攀枝花特色的"医养融合"模式，被评为首批全国医养结合试点城市、国家居家和社区养老服务改革试点城市。着力构建多层次医疗体系，探索培育出"医中有养、养中有医、医养融合"的健康服务新业态，开展国家级安宁疗护试点见实效，持续推动"康养＋医疗"产业发展。根据攀枝花市政府网站资料，近年来，攀枝花市推进医疗机构向"高、精、尖、优"发展。截至 2023 年 11 月，已建成国家级重点专科 1 个，省级重点专科 30 个；建成国家胸痛中心 4 个，国家卒中中心 2 个；建成四川省首个"高级创伤中心"，50 余项技术达到四川省内领先水平；建成互联网医院 4 家，全面推行线上线下相结合合的医疗健康服务、预约诊疗服务，三级综合医院预约诊疗率达到 55% 以上。攀枝花市成功跻身首批全国跨省普通门诊就医直接结算城市和国家医养结合试点城市。大力发展居家康养，鼓励发展居家养老康养，印发了《攀枝花市高层次人才养老服务补贴实施细则（试行）》，为来攀高层次人才本人和配偶双方年满 60 周岁以上的父母提供居家养老上门服务和入住养老机构补贴；下达资金 1000 万元，实施养老服务综合体项目建设；成功创建全国示范性老年友好型社区 2 个。成立了中国第一家国际康养学院，培养专业康养人才，培育壮大集医药、医疗、康复、保健、养生、养老于一体的康养医疗产业。

7.4.5 "康养 + 运动"活力迸发

依托攀枝花市得天独厚的冬日暖阳、夏季清凉的气候资源优势以及适宜的海拔高度，以高标准完善体育设施、高品质建设竞训基地、高质量培育赛事活动为抓手，着力打造"国际冬训基地、运动康养胜地"。

1. 开展全民健身场地设施补短板行动

构建四级全民健身场地设施体系，开展丰富多彩的全民健身活动，积极构建全域公园体系。各县（区）按照人口数量建设至少一个公共体育场、一个全民健身中心、一个体育公园，可选建设公共体育馆、游泳馆、健身广场、健身步道、滑冰馆等。各乡镇（街道）至少建设一个健身活动中心或者多功能运动场，面积不低于 2000 平方米。结合乡村振兴战略，完善农村健身场地设施服务供给，依托村文化站（中心）建设农村健身场地设施。鼓励在社区健身设施中加大适儿化、适老化健身设施建设。推进登山健身步道提档升级，开展丰富多彩的全民健身活动。

2. 提升体育竞训基地规模档次

对现有的竞训基地规模档次进行提档升级，提升竞训服务品牌质量，通过多种方式宣传攀枝花的竞训服务资源，加强与国家、省（市）级各运动项目中心的对接沟通，吸引多支竞训队伍来攀训练。

3. 积极申办举办各级各项体育赛事

结合攀枝花市传统优势项目、体育场地等设施情况，积极申办棒垒球、曲棍球、皮划艇激流回旋等国内外高水平赛事。以公路、景区、景点为主线，打造环攀枝花国际自行车赛等品牌赛事；以金沙江、二滩库区、米易迷阳湖秀水资源为平台，打造皮划艇野水公开赛、龙舟等水上运动品牌赛事；以山地资源为载体，打造国家登山健身步道联赛、山地自行车、二滩徒步大会等山地运动品牌赛事。

"康养＋运动"迸发活力，带动高水平赛事经济发展。建成全国最大的冬训基地"红格训练基地""米易国家级皮划艇激流回旋"等 4 个竞训基地，建成体育场地 3042 个，人均场地面积达 1.8 平方米。成功承办亚洲皮划艇激流回旋锦标赛、环攀枝花国际公路自行车赛、国家登山健身步道联赛总决赛、全国男子排球联赛等一批国内外高水平运动赛事，每年吸引 30 余支、1000 余人的国家、省、市各级运动队到攀竞训。

7.5　攀枝花康养产业发展的"五大"路径

7.5.1　强化顶层设计，提升康养产业发展势能

抓体制，聚康养产业发展合力。康养产业发展绝非一日之功，必须保持连续性，坚持不懈，久久为功。

一是需要加强领导调度，完善康养产业顶层设计。研究解决重大问题，督促推动重点任务落地落实。坚持主要领导亲自抓、分管领导具体抓、其他领导协同抓，认真履行统筹协调抓落实职责，确保各项决策部

署落地生根、见到实效。

二是需要完善制度机制，强化要素保障。梳理康养产业领域既有机制及政策，准确掌握落实情况，及时调整完善；优先保障重点康养项目用地，管好用好康养产业投资基金，研究出台符合实际的各项政策措施，打好政策"组合拳"，给予康养产业"真金白银"的支持。

7.5.2 做好"混合运算"，推进产业集群化发展

一是做好康养"加法"，鼓励创新康养产品和服务，积极扩大康养产品有效供给。

二是做好"减法"，加快制定并推行康养产业标准，提高行业准入门槛，规范行业秩序，着力防止无效供给。

三是做好"乘法"，注重"康养+"业态融合，加快形成层次分明、布局合理、多业融合的"康养+产业"体系，加快实现供给倍增。

四是做好"除法"，有效破除供给瓶颈。

做好"混合运算"，推进康养产业创新发展，提升康养产业发展动能，推进产业集群化发展。

7.5.3 聚焦"五创"联动，推进产业体系现代化

一是创新产品。利用攀枝花独特的生态和产业优势，大力发展特色餐饮、健康食品、中医药保健品、康复辅助器具、健康监测穿戴设备、钛合金医疗器械产品、钛合金休闲产品、钛合金日常用品等。

二是创新品牌。为消费者提供优质的产品和服务，让消费者放心满意，创响"中国阳光康养胜地"品牌。

三是创新服务。为市场提供全流程、全方位、全龄化的养生、养心、养智服务。

四是创新业态。强化大数据、互联网、人工智能等新技术与产业的

融合，积极引入线上医疗、智慧健康管理、智慧康养等新业态，满足市场多元化需求。

五是创新模式。探索精品发展模式、连锁化发展模式、亲情社区模式、医养综合体模式和康养目的地模式等多种模式。

7.5.4　强化标准引领，促进产业基础高级化

车同轨、书同文，在攀枝花市进行经验积累的同时，积极探索资源与资本的结合路径，找到各种业态最优组合与运营模式，让各类康养项目具有可复制性，并用市场化手段通过管理输出、品牌输出、标准输出方式实现成果效益化。

攀枝花是全国康养标准首发地，在探索新标准的同时，关键还要把标准用于推广和应用。要坚持、实施好已发布的康养标准，同时，还要通过分析国内康养产业发展态势和攀枝花康养产业发展历程，梳理康养产业发展模式，分析总结发展经验，形成康养产业发展模式目录、理论成果并且持续更新（房红和张旭辉，2020）。

一是要将康养服务供给、康养服务管理、康养运行保障、康养评估等统筹规划，让攀枝花市形成"处处见标准、人人用标准、事事有标准"的良好氛围。

二是充分利用31项康养产业地方标准，对康养项目建设、服务、管理和验收评价等方面提出具体要求，促进攀枝花市康养产业朝着安全、优质、高效和人性化的方向发展。

三是抓实在建项目、运营项目贯标工作，建设普达康和·南苑、康和·北苑等康养示范小区，康和南苑康养社区、米易时光水街等23个康养示范社区，以及隐山岚、日光倾城等21个康养示范民宿。

四是筹建全国康养产业标准化委员会，认真开展康养国家标准项目申报，将攀枝花打造为全国康养标准输出地。要充分发挥全国服务标准化技术委员会康养产业标准化工作组的作用，研究制定全国康养产业标

准化技术委员会实施方案，明确时间表和路线图。要积极向国家和省级相关部门汇报，争取支持，主动邀请全国康养产业代表城市、团体和企业参与，力促全国康养产业标准化技术委员会尽快落户攀枝花。

五是对现有康养产业项目进行细分，梳理现有康养产业发展模式，分析康养产业发展路径，对比分析不同发展模式的优劣。

六是对康养项目发展模式进行分类归纳，及时总结各类模式的具体做法、成功经验、取得的成果等内容，形成理论成果。

七是科学预判康养产业发展趋势，结合最新的理论成果，扬长避短，不断探索康养产业发展新模式、新路径，做实康养产业发展内涵，做实产业细分，全力推动攀枝花市康养产业实现更高质量、更优效益、更可持续的发展（高铭蔓，2018）。

7.5.5 突出要素保障，增强产业发展后劲

第一，资金保障方面，充分发挥康养产业投资基金的引导作用和银行、基金、信托等金融工具的杠杆作用，吸引社会资本参与，为康养产业发展提供资金支持。

第二，土地保障方面，对攀枝花市内所有用地情况进行摸底调查，了解闲置、低效用地的规模、位置，依法优先出售给康养企业。将各类养老与健康服务设施建设用地纳入城镇土地利用总体规划和年度用地计划，在年度用地计划中优先安排保障康养项目建设用地。

第三，人才保障方面，康养产业发展离不开人才引领，要加快引进康养产业发展高中低三个层次人才，补齐康养人才队伍短板，提升康养从业人员的业务水平和综合素质。

一是积极打造康养产业高端智库，不断加强对攀枝花市康养产业发展的前瞻性、战略性、综合性研究。

二是不断提升干部队伍的康养理论水平和实践能力。将康养产业纳入各级干部培训计划，"走出去"与"请进来"相结合，不断提升广大干

部抓康养工作的能力和水平。

　　三是打造康养人才培训基地，培育壮大专业康养培训产业链。要做好国家级康养高技能人才培训基地申报工作，以攀枝花国际康养学院为平台，实施"三定"措施，即定制康养课程、定向培养康养人才、定期开设康养技能研修班。要支持本地院校与园区、企业开展合作，订单式培养康养技术技能人才，为重点康养产业所需人才提供优质技能培训。

7.6　本章小结

　　资源型城市走转型发展之路是实现城市可持续发展的迫切要求，攀枝花也不例外。作为我国"三线建设"布局的重要工业城市，攀枝花在特定的历史条件下对推动四川乃至全国的工业化作出了重要贡献，但也造成重工业比例过大，产业结构不优等突出问题，一产小、二产大、三产弱，工业比重长期高达 70% 左右。为打破困局，攀枝花把眼光从地下的矿产移向天上的阳光，以阳光康养为主线，不断延伸康养产业链条，不断做实康养产业内涵，做实产业细分。

　　近年来，依托得天独厚的气候、生态和物产优势，紧扣四川省委对攀枝花提出的"建设国际阳光康养旅游目的地"的定位，按照"环境养身、文化养心、事业养智"的理念，攀枝花大力发展全域化布局、全时段服务、各年龄群康养，坚持融合发展，以产业融合的模式持续推动康养产业发展。大力发展"康养＋产业"，努力加出"物理聚合"、催生"化学反应"，构建形成了层次分明、布局合理、多业融合的康养产业体系，将攀枝花打造成为引领示范效应显著的康养产业发展试验区和"生态优先、绿色发展"的工业城市转型先行示范区。承办了首届中国康养产业发展论坛，率先发布康养产业地方标准，率先倡导成立全国康养产业城市联盟，率先成立康养产业发展基金，并跻身中国康养城市排行榜50强、中国城市宜居竞争力排行榜50强、国家智慧健康养老示范基地、全国和谐社区建设示范城市等。2020 年，在四川省率先建立康养产业统计监测制度，推动标准化建设与康养产业发展有机融合，让阳光康养产业发展有据可依、有标可循。2021 年，攀枝花成功创建"中国气候宜居城市"，成为全国唯一的全域气候宜居城市，为阳光康养产业再添"国字号"金字招牌。2022 年，在全国率先发布康养产业项目认定标准，抢占康养产业项目认定标准制高点。

第8章 秦皇岛市康养产业 发展的创新与实践

秦皇岛市是国家历史文化名城、河北省唯一的零距离滨海城市，是京津冀经济圈中一颗璀璨的明珠。秦皇岛市冬无严寒、夏无酷暑，千里燕山、万里长城与广阔海疆在这里奇迹般邂逅，境内汇集了山、海、关、城、温泉、湿地、老别墅等丰富旅游资源，162.7公里海岸线沙细滩缓，223公里古长城横贯东西，蓝天绿地碧海金沙相映成趣，森林覆盖率超过51%，400余种鸟类在此栖息繁衍，素有"长城海滨公园""京津后花园""中国观鸟之都"的美誉，每年吸引超过5000万人次游客流连忘返。

独特的自然生态风貌和灿烂的悠久历史文化，新时代的秦皇岛充分借助卫生医疗、休疗养设施、自然资源、生态资源以及区位等优势，2013年秦皇岛市委、市政府决定举全市之力发展康养产业，聚力打造世界知名康养胜地，此举得到国家领导、国家部委、河北省委省政府和社会各界的大力支持。

8.1 秦皇岛康养产业发展的禀赋

8.1.1 气候条件适宜

秦皇岛市地处中纬暖温带，属于半湿润、季风型大陆性气候，因受海洋影响较大，气候比较温和，春季少雨干燥，夏季温热无酷暑，秋季凉爽多晴天，冬季漫长无严寒，年平均气温 10.3℃，盛夏平均气温只有 23℃。秦皇岛拥有优质的海域条件，风向稳定、风力持续，是世界公认的七大优秀海上赛场之一。

8.1.2　自然景观独特

秦皇岛市位于燕山山脉东段丘陵地区与山前平原地带，地势北高南低，形成低山丘陵区、山间盆地区、冲积平原区、沿海区等多种地貌单元，孕育了碧海、金沙、森林、沙漠等自然景观。拥有多处典型地层剖面和地貌奇观，如有险峰岩墙、峡谷峰林、岩屑坡等奇观的祖山、长寿山，石海林立的都山。拥有齐全的地质地层剖面、动植物化石和矿物岩石标本的柳江盆地等。拥有祖山、碣石山、天马山、联峰山、角山、长寿山等天然山林资源。

8.1.3　河湖水系密布

秦皇岛市水资源相对丰富，多年平均水资源总量 16.46 亿立方米，人均占有水资源量 614 立方米，在河北省各市中排名第二。境内河流众多，流域面积大于 30 平方公里的河流有 54 条，大于 100 平方公里的河流有 23 条，大于 500 平方公里的河流有 6 条，较大的河流有石河、汤河、戴河、洋河、饮马河、青龙河、滦河等，有燕塞湖、天马湖、桃林口 3 座中型水库（湖）。

8.1.4　生物资源丰富

优越的位置、适宜的气候、充足的降水和多样的地貌，造就了秦皇岛丰富的生物资源。秦皇岛市是酿酒葡萄生长的黄金种植带，昌黎、抚宁、青龙三县区被国家林业局确定为全国经济林建设先进县区，昌黎、青龙两县及山海关区还被国家林业局分别授予"中国葡萄之乡""中国苹果之乡"和"中国大樱桃之乡"的称号。

依托得天独厚的自然和地理资源条件，秦皇岛经济发展取得瞩目成效。根据秦皇岛市统计局数据，2022 年，秦皇岛国民生产总值 1909.52 亿元，比上年增长 3.5%；全市人均生产总值为 61277 元，比上年增长 4.2%；城镇居民人均可支配收入 44142 元，比上年增长 3.7%；农村居民人均可支配收入 18879 元，比上年增长 6.1%。目前秦皇岛正围绕打造一流国际旅游城市，助力康养产业奋力启航，努力将康养产业打造成为其经济发展的新的增长点。

8.2　秦皇岛康养产业发展历程

8.2.1　康养产业发展顺势启航

2013 年，为推动京津冀协同发展、健康中国战略，充分发挥秦皇岛市卫生医疗、休疗养设施、自然资源、生态资源以及区位等优势，实现全市经济转型发展和高质量发展，秦皇岛市大力发展康养产业，集中精力打造生命健康产业创新示范区。2016 年 9 月，经国务院同意，国家发展改革委等 13 个部委联合批准在秦皇岛设立北戴河生命健康产业创新示范区。强劲的政策东风吹来，站上新"风口"，秦皇岛的康养产业开始强劲起航。

1. 抢抓战略机遇，康养产业动力蓬勃强劲

从 2016 年 9 月 28 日，首个国家级北戴河生命健康产业创新示范区获批；2017 年，秦皇岛列入国家康复辅助器具产业综合创新试点城市；之后入选国家城企联动普惠养老专项行动首批试点城市。国家和河北省在创新药审评审批、药品跨区域生产试点、科技成果转化、康复辅助器具等方面一系列先行先试的优惠政策，为秦皇岛康养产业发展装上了强力引擎。

2. 倾力夯基垒台，康养产业实力愈加雄厚

秦皇岛已拥有康泰医学、华药、紫竹药业等为代表的医药企业174家，建成了青龙中草药种植加工基地，康泰医学的脉搏血氧仪成为行业标杆，惠斯安普疾病早期筛查开创了生物医学应用于临床及体检的先河，泰盛健瑞仕是国内首家国际化康复理念与中国本土化特色相结合的康复中心，德国潘纳茜诊疗中心在免疫健康领域处于国际领先水平，以河北数港科技有限公司、光彩集团全国联网公共服务平台等为代表的健康管理企业蓬勃发展，为秦皇岛康养产业发展打下了牢固基石。

3. 提升环境品质，康养产业活力竞相进发

巩固提升全国文明城市、国家森林城市创建成果，全力推进国家卫生城市和国家食品安全示范城市创建，着力打好大气、水、土壤污染防治攻坚战，打造京津冀城市群生态标兵城市，提升城市品质和管理水平；深入开展"三深化三提升"活动，推行"一会四函"制度，深化"一门一网一次一窗"改革，优化行政审批流程，企业开办、注册登记时间分别压缩至5和3个工作日，进出口整体通关时间达到55.07和9.42小时，以政策优、成本低、服务好、办事快为目标，着力打造全省最优、全国前列的营商环境，为秦皇岛康养产业发展构筑了一流平台。

4. 集聚优质资源，康养产业潜力空前释放

围绕世界医学最前沿精准医疗集中发力，深入推进与大湾汉唯、石药集团、北大医疗、国家康复辅具研究中心等顶级健康服务机构的合作，投资140亿元的中关村生命科学园北戴河示范区昌黎园，投资30亿元的燕达健康城、投资35亿元的康复辅具产业园、投资20亿元的一龄北戴河生命养护度假中心、投资 18 亿元的北医三院秦皇岛医院等项目加快建设，产业的吸引力迅速提升，集聚效应愈加突显，为秦皇岛康养产业发展插上了腾飞翅膀。

依托自身优势，秦皇岛精确定位新兴产业培育发展目标，将康养产业作为转型升级的主要抓手和高质量发展的主攻方向，按照全生命周期关注人的健康、全链条服务人的健康、全方位发展健康产业的思路，通过服务创新、技术集成，构筑先进的健康养生模式和医疗健康体系，构建"医药养健游"五位一体的产业集群，积极探索生命健康产业发展新路径。目前，秦皇岛市已经在助推康养产业发展中为全国留下深深的足迹，积累了宝贵的经验，康养产业发展成效初步显现。

8.2.2　康养产业发展成效及未来蓝图

2021 年秦皇岛康养产业蓬勃发展，产业增加值达 180 亿元，在全市生产总值中的比重提高到 10% 左右，已经成为名副其实的支柱产业。2021 年 10 月 22 日至 23 日，以"聚力辅具产业多链条开启养老助残新阶段"为主题的第四届中国康复辅助器具产业创新大会在秦皇岛市召开。据统计，4 届大会累计吸引参展企业超过 500 家，各类专题报告近 400 场，与会专家上千人，签约 59 个合作意向项目 215.5 亿元，并获得中国银行提供的产业授信支持 200 亿元。借助康养产业蓬勃发展的契机，旅游业持续发力，年接待游客最高达 7262.33 万人次，旅游收入最高达 1013.97 亿元，分别较 10 年前增长 16.17% 和 22.93%。

"十四五"时期，秦皇岛市将推动生命健康产业由快速启动阶段转向全面建设阶段，打造形成"医、药、养、健、游"五位一体的生命健康产业集群。到 2025 年，以北戴河生命健康产业创新示范区为主战场，全市生命健康产业收入力争接近 1000 亿元，增加值超 350 亿元，产业规模实现翻番。到 2027 年，拥有一批国际、国内具有较强影响力的康养产业集群和知名品牌，实现康养产业增加值 400 亿元左右。

8.3 秦皇岛"五位一体"康养产业发展格局

以国家级北戴河生命健康产业创新示范区为载体，积极吸纳国际国内先进的医疗健康资源聚集，构建"医药养健游"的健康产业格局，医药、医疗设备和康复辅具齐头并进的生命健康产业体系。

1. 做大医疗医药产业

积极对接京津冀、全国乃至全球的大型医疗机构，引进世界领先的康复疗养设施，吸引国际顶尖水平的医疗中心入驻秦皇岛市，围绕肿瘤、心脑血管等开展重点攻关，打造医疗医药产业发展新高地。

2. 做强健康养老产业

紧抓城企联动普惠养老试点机遇，培育市场主体，创新发展模式，不断完善居家为基础、社区为依托、机构为补充、医养相结合的养老服务体系。大力发展专业医学检验中心等第三方服务机构，全面提升健康服务水平。

3. 做好健康运动产业

突出绿色生态运动主题，以优越环境培育壮大市场主体，以业态丰富培育消费群体，以精品赛事引领产业导向，大力发展自行车、冰雪、攀岩、帆船帆板、邮轮游艇等运动产业，打造秦皇岛特色体育运动品牌。

4. 做优健康旅游业

坚持以"向海、进山、入村"为发展路径，建设一批高品质健康旅游项目，完善一批健康旅游配套设施，打造一批精品景区、精品线路，推进健康旅游向高端化、品质化、国际化发展。

5. 做优健康农业产业

以产业结构调整为主线，以打造"一环一带二区"为目标，大力发展特色农业、质量农业、绿色农业、品牌农业、科技农业，发展安全、绿色、有机、营养的高品质康养农产品，着力培育"健康食品"品牌。

6. 做精健康制造产业

坚持以市场需求为导向，培育、引进高端医疗器械研发与制造企业，推进医药医疗器械创新成果转化，打造高端医疗器械研发与生产高新产业集群；推进康复辅助器具"1＋4"平台体系建设，提升康复辅具产业综合竞争力。

8.4　秦皇岛康养产业创新发展全链条培育

围绕健康中国、服务京津冀协同发展等国家战略，立足区域资源优势和产业发展基础，坚持高端发展、特色发展和转型发展原则，大力发展高端医疗、生物医药、医疗器械等高端产业，推动休疗、旅游向养生养老、健康旅游等方向转型发展，积极扶持发展健康食品等健康农业，逐步构建起了覆盖全生命周期、内涵丰富、链条完整的大康养产业体系。

8.4.1　抢抓招引合作机遇，突破发展医疗医药产业

依托良好的区位优势和生态环境，助力优质医疗资源和医药资源深度融合，奋力建设成为河北省知名的医药结合康养服务集聚区。

1. 大力提升医疗服务

围绕世界医学前沿，吸引海内外高端医疗项目入驻，大力发展高端

医疗、精准医疗和特色医疗，吸引国内外有影响力、有竞争力的医疗机构在市内设置分中心，与市内现有医疗资源相结合，共建区域医疗中心。全面布局预防医学、功能医学、康复医学、专科医院（心血管、肿瘤）板块，实现北京化工大学生命健康产业研发与分析公共检测平台，以及国际健康中心的细胞制备中心、全球私人医生中心、健康管理中心、国际生殖医学中心运营，加快北戴河国际肿瘤医院和北戴河心血管病医院、大医疗 Mall、新里程质子重离子肿瘤医院以及癌症筛查中心、"互联网 +体检会诊中心"等一批项目建设进度，致力于在生命养护、康复疗养领域成为行业领导者。

2. 筑牢筑实医药事业根基

依托秦皇岛独特的自然资源条件，以维护和促进人民群众身心健康为目标，构建生物医药产业体系，吸引和培育一批高端生物医药产业化项目落地建设，加速布局生物医药、中医药研发产业，围绕抗体药、基因药、生物制剂研发，加快北戴河生命科学园一期、二期建设，推动生物研发基地及医疗康养产业基地，博士后流动站及研究院、医疗大数据中心、临床试验中心落地运营，为建成世界一流生物医药基地奠定了坚实的基础。

8.4.2 聚焦搭建养生养老新平台，全力发展健康养老产业

整合全市休疗养资源，促进养老服务与医疗服务、健康管理的充分融合，大力发展高端养生养老休疗产业，促进养老等衍生产业发展。

1. 全力打造智慧养老管理服务

树立"互联网 +康养"的思维，促进互联网、物联网、云计算、大数据技术与养老服务相结合，精细化计算出社会养老服务供给，更好满足人民群众从基本养老保障服务向个性化养老管理服务转变的新需求，建立国

际慢病协作技术中心和健康老龄化研究中心，定制送餐服务、定期免费体检，让家门口的康养得以实现，形成全球知名的养老服务业品牌。

2. 聚力促进养老服务多元化升级

依托森林资源、温泉资源等特色资源，重点构建养老护理产业，开展家庭护理、医疗护理和公寓护理服务，推动在村居日间照料站、老年幸福院开展多彩文化活动，积极发展家政服务、餐饮服务、超市服务等惠老服务，开展歌舞训练、垂钓、旅游和书画训练等培训服务，打造河北知名养老基地。

8.4.3　瞄准全民运动新目标，纵深发展体育健身产业

坚持以增强人民体质、提高人民群众健康水平为出发点，推动全民运动落实，构建康养体育公共服务体系，推动康养体育服务与健康产业一体化进程，助力康养产业高质量发展。

1. 完善运动康养基础设施

围绕县城、乡镇（街道）、旅游景区（点）三级空间格局，完善体育场馆、全民健身中心、乡镇（街道）健身广场、社区多功能运动场、体育公园、户外活动营地等公共体育设施，在人群集中且有条件的乡镇（街道）新建健身广场。截至目前全市拥有包括奥体中心、北戴河新区网球中心、省体育局自行车运动管理中心在内的户外休闲运动基地、健身路径公园、体育场馆等设施 3400 多个，建有紫云山滑雪场、晨奢文体中心、A2 帆船俱乐部等经营性健身会所、健身俱乐部 70 多个。

2. 打造品牌康养赛事活动

依托特色山海自然资源，推动体育与休闲融合发展，成功开发出以徒步、农业观光、山地穿越、漂流、汽车营地等为主的山地型户外休闲

运动项目，以游艇、帆船帆板、风筝冲浪、海钓为主的海上休闲运动项目，以滑翔伞、动力伞、热气球等为主的航空体验运动项目，打造形成以"韵动秦皇岛""海上运动嘉年华"为代表的户外健身休闲品牌。凭借健全的体育健身设施，每年成功举办市级以上体育赛事活动均在 60 项以上，其中，国际性赛事 12 项，全国性赛事有 10 余项，打造形成了一批国际、国家级赛事基地。

8.4.4 借助全域旅游新契机，快速发展健康旅游产业

依托旅游与康养资源富集优势，推进旅游与康养深度融合，全力打造全国著名康养旅游目的地。

1. 积极发展休闲观光旅游

依托高山、森林、草原、乡村特色的自然景观、人文景观和田园景观特色，建成运营集旅游、观光、体验、采摘、养生于一体的绿色养生主题乐园——中保绿都心乐园。康养名片逐渐打响，北戴河国家健康医疗旅游示范基地获批成为国家首批健康旅游示范基地，秦皇岛市中医医院"心乐园"健康旅游养生基地获批成为河北省第一批中医药健康旅游示范基地创建单位，秦皇岛渔岛海洋温泉景区获批成为河北省第一批中医药健康旅游示范基地培育单位。

2. 助力发展高端住宿承载体

以北戴河生命健康产业创新示范区的获批为契机，大力推动旅游与健康融合，健康旅游产业快速发展。建成并投入使用阿那亚地中海酒店、安澜酒店、渔岛菲奢尔温泉酒店、阿尔卡迪亚国际会议中心等高端服务设施，渔岛温泉、沙雕大世界等旅游项目实现提档升级，建成万豪国际五星级酒店、悦榕庄度假酒店综合体、奥特莱斯世界名牌折扣城、渔田小镇、圣诞魔法城等项目。

8.4.5　捕捉特色农业新风向，加速发展绿色健康食品产业

依托环渤海经济圈中心地带农业资源的优势促进绿色农业与康养产业深度融合，着力发展成为康养农业产业示范基地。

1. 全力培育绿色农产品生产基地

立足独特的地理位置、地形地貌、气候和土壤条件，引导农业向特色种植、绿色食品等方向发展，打造形成全国知名酿酒葡萄、板栗、中药材种植基地以及海产品种养殖基地。全市主要有人参、枸杞、北苍术、黄芪、黄芩等品种中药种植，其中青龙满族自治县中药材种植面积超 10 万亩，有 20 多家千亩以上省级中药材种植示范园，是全国规模最大的北苍术种植繁育基地。同时种植大樱桃面积 3 万多亩，青龙、抚宁等县区种植板栗 60 多万亩，为农产品目录"添砖加瓦"。

2. 聚力打造绿色农产品产业链条

充分利用本土特色农产品的优势，兼具原料现成、运输费低等特点，建成集生产、研发、旅游、休闲于一体的葡萄酒全产业体系，目前拥有 6 万亩酿酒葡萄种植基地，创立华夏长城、香格里拉、朗格斯等众多知名葡萄酒品牌，2017 年获得"中国葡萄酒城"荣誉称号。借助重要水产品养殖、捕捞和加工基地的独特的地理区位优势，初步形成了育苗、养殖、加工、销售于一体的沿海特色产业，逐步实现了由规模渔业向生态渔业、由传统渔业向现代渔业的转变。

8.4.6　坚持健康制造为主的理念，起步发展医疗器械产业

聚焦康养服务发展需要，推动制造业与康养服务深度融合，助力关联产业协同发展，实现制造业转型升级发展。

1. 培育医疗器械制造业态

围绕打造秦皇岛市医疗健康器械制造基地的目标，引进大型知名龙头企业，充分利用新材料、电子信息、机械装备等相关领域的先进技术，结合健康服务需求，以医疗器械、健身运动器械、养老保健康复器械为核心，培育医疗器械制造业态。成功入驻与北京化工大学合作建设的生物医药、医疗器械中试车间项目，康泰医学、惠斯安普等一批健康制造业企业正在加快崛起。

2. 开拓康复辅具制造圈

积极落实《国务院关于加快发展康复辅助器具产业的若干意见》，全面支持康复辅助器具发展，嘉弘科技等一批康复辅助器具项目相继落地，设立了国家康复辅具研究中心秦皇岛研究院和国家康复辅具质检中心秦皇岛分中心，成为我国第一个落户于地方的国家康复辅具研究中心科研及质检分支机构，2017 年获批国家康复辅助器具产业综合创新试点。开工建设秦皇岛经济技术开发区康复辅具产业园、北戴河生命健康产业创新示范区生物产业港。截至 2018 年底，全市有包括电子类、康复类、义齿类、义齿原料类、耗材类等类别的医疗器械生产企业 28 家。

8.5 构建康养发展统计分类标准体系

以统一国内康养产业相关概念定义、内涵与统计口径为目的，建立了科学的康养产业统计评价指标体系和统计数据标准及核算方法。打造"'医药养健游'+分类标准"于一体的康养发展统计分类标准体系。

依托医疗标准化分类，聚焦建设医疗区域性发展高地，建立起以医疗卫生服务、治疗服务、公共卫生服务等为主的医疗分类标准，通过招引海内外医疗项目落地和与大学深度合作，进一步筑牢了医疗发展基础；

依托独特的自然资源条件，建立起药品及其他健康产品流通服务、药品及其他健康产品批发、西药批发等医药分类标准，通过吸引和培育高端生物医药产业，打造区域性药品生产基地；依托健康养老、健康生活的新发展理念，建立以养生保健服务、母婴健康照料服务、健康养老与长期养护服务等为主的养老分类标准，全力促进健康养老服务基础设施和服务水平提档升级；依托"全民健身"热潮，打造区域运动康养风向标，建立以体育健康服务、体育运动培训等分类标准，通过完善基础设施建设，举办体育品牌赛事，以体育产业增长推动经济社会发展；依托得天独厚的自然景观，建立以健康旅游服务等分类标准，推进旅游与康养深度融合；围绕打造绿色农产品生产基地，推动特色农业发展，尤其是中药种植业，建立以中药材种植、养殖和采集动植物中药材种植、养殖采集等分类标准，打造绿色农产品产业基地；围绕构建健康制造产业生态圈，建立化学药品原料药制造、化学药品制剂制造、中药饮片加工等分类标准，着力打造医药器械生产基地。

围绕"'医药养健游'＋分类标准"于一体的康养发展统计分类标准体系，助力秦皇岛锁定康养产业发展主赛道，为众多城市在发展谋划的转型升级、开拓新的经济增长极上提供发展新"样板"。

8.6 本章小结

秦皇岛市凭借适宜的气候条件、独特的自然景观、密布的河湖水系、丰富的生物资源和灿烂的悠久历史文化，围绕打造一流国际旅游城市，助力康养产业奋力启航，成为经济发展的新的增长点。秦皇岛以国家级北戴河生命健康产业创新示范区为载体，积极吸纳国际国内先进的医疗健康资源，加快构建"医药养健游"的"五位一体"、医药、医疗设备和康复辅具齐头并进的生命健康产业体系。做大医疗医药产业、做强健康养老产业、做好健康运动产业、做优健康旅游业、做好健康农业产业、做精健康制造产业。经过多年坚持不懈地培育发展，秦皇岛康养产业正在实现多元化、多型化、多样化的升级转变，"康养＋"新模式的内涵更加丰富，高质量发展逐步显现，为打造一个别样的"健康秦皇岛"走出了一条生动鲜活的创新之路。

第9章 重庆市石柱县康养产业发展的创新与实践

　　石柱土家族自治县（以下简称石柱县）地处长江上游南岸、重庆东部、三峡库区腹心，是集民族地区、三峡库区、革命老区、武陵山集中连片特困地区于一体的特殊县份，面积 301406.13 公顷，是全国绿化模范县、绿色小康县、民族团结进步示范县。县域自然资源丰富，其中矿产资源储量丰富，现已探明蕴含丰富的金属矿和非金属矿；生物资源多样，已查明的野生植物共 2216 种，野生动物共 470 种；水能资源充沛，除长江过境水流量外，年平均径流量 22.82 亿立方米，水能理论蕴藏量 30.95 万千瓦。同时，石柱县还是以古代巴人为主体，与其他民族融合而成的土家族栖息地之一，人文底蕴厚重，土家风情浓郁。拥有首批全国历史文化名镇、巴渝新十二景——西沱古镇，秦良玉历史文化，川东名刹银杏堂、三教寺，国家非物质文化遗产土家"啰儿调"和世界经典民歌《太阳出来喜洋洋》以及土家吊脚楼、哭嫁、盘歌、薅草锣鼓、土家摆手舞等自然、人文资源。近年来，石柱县经济持续稳步发展，2022 年石柱县实现地区生产总值首次突破 200 亿元大关，达到 209.07 亿元，同比增长 4%。

　　石柱县聚焦"转型康养、绿色崛起"发展主题，全力发展康养经济。目前，已构建起以现代山地特色高效农业、绿色生态工业、康养休闲旅游业为重点的大康养产业体系，"观养、疗养、食养、文养、动养、住养"等康养业态的不断丰富完善，将中医药与康养紧密衔接在一起。

　　为践行"健康中国"发展理念，石柱县结合自身资源和人文特色优势，不断开拓新的经济增长极，重点在做优做精做强"康养"产业上下工夫，探索走出了一条经济提质与环境保护相协调的绿色发展道路。利用富足的生态康养资源，全县森林覆盖率达到 60%、空气质量优良天数保持在 350 天以上，地表水水质达到Ⅰ类水体水质要求，森林、草场、溪流、湖泊、地质地貌等自然景观纵横交错；利用优越的运动养生条件，全县 75% 的辖区面积位于海拔 800～1900 米，适宜开展山地越野、山地自行车、低空飞行、水上漂流等户外健身运动，同时在冬季黄水、冷水等高海拔地区也可开展滑雪运动，补齐冬季旅游的短板；利用扎实的饮食、保健养生基础，以黄连、莼菜、辣椒为代表的绿特产品丰富，是中国黄连之乡、中国辣椒之乡和全国最大的莼菜生产基地，绿色产品经过全链条开发打造成为绿色有机食品、饮品、保健品、化妆品、现代中医药等，助推大康养产业发展。石柱县借助与生俱来的康养产业优势，结合自身生态资源特色，着力做强做优做好康养产业，为经济发展持续助力。经过"十三五"以来的不断发展，石柱县上榜"2022 中国县域旅游发展潜力百强县市"。石柱县康养经济增加值占地区生产总值比重超过 51%，预计到"十四五"末，全县康养经济增加值占地区生产总值比重将达到 55%，康养经济已经撑起石柱县地区生产总值"半边天"。

9.1　石柱县康养产业发展概述

9.1.1　康养产业发展历程

石柱县地处武陵山区和三峡库区，具有长江上游地区重要生态屏障的独特区位。凭借康养资源禀赋优越、发展康养产业条件得天独厚的天然优势，石柱县大力发展康养产业，打造康养经济、建设"康养石柱"，积极实施"全域康养、绿色崛起"发展战略，为实现乡村振兴战略开拓新路径，为发展生态健康产业提供了新支撑，为满足人民群众对美好生活的向往作出贡献。

为深入贯彻落实"健康中国"战略，成为中国康养产业发展先行者，石柱县充分利用良好的生态环境、浓郁的土家风情，借助特色农业、休闲旅游业较好的基础，逐渐走出一条独具特色的康养发展之路。石柱县将康养作为践行两山论的重要载体，深度开发和系统构建以观养、疗养、食养、文养、动养、住养和康养制造为核心的"6＋1"产业体系。2013—2018 年，石柱县依托以"观养"为先导的发展理念，大力发展康养旅游业，西沱古镇、万寿山、广寒宫成功创建国家 4A 级旅游景区，累计接待游客 6734 万人次，创旅游综合收入 455 亿元；坚持以"疗养"为核心的发展思路，促进优质医疗资源和养生养老深度融合，石柱县人均基本公共卫生服务经费年均增长 11.9％，基层医疗卫生机构标准化率达到 100％，养老服务水平大幅提升，建成乡镇（街道）养老服务中心 11 个、社区养老服务站 35 个、村级互助养老点 96 个，城乡居民医疗、养老保险参保率均超过 95％，城乡低保标准分别提高 27.2％、47.1％；落实"食养"为基础的发展路径，深入整合健康农业优势资源，石柱借助"中国黄连之乡"和全球最大的莼菜生产基地的优势，成功创建国家级黄连、莼菜出口食品农产品质量安全示范区；推行以"文养"为特质的发展思想，深度交汇文化与康养产业，连续举办五届康养大会，成功承办全国产业扶贫现场会、"世界蜜蜂日"中国主会场活动、中国原生民歌节，流动文化进村年均超过 1000 场次，县乡村三级公共文化服务实现全覆盖；实施以"动养"为核心的发展目标，完善运动康养基础设施，大力开发休闲运动体育项目，定期举办系列国家和市级以上品牌体育赛事，着力打造全国著名康养运动基地，全民健身条件大为改善，公共体育设施面积达 85.2 万平方米；贯彻以"住养"为依托的发展理论，构建康养宜居的生活面貌，推进冷水特色康养旅游小镇、西沱历史文化名镇、中益中华蜜蜂小镇等项目建设运营，着力发展黄水、冷水、中益等民宿旅游；构建以"康养制造"为支撑的发展格局，加快打造原材料加工产业集群，培育农产品加工和生物医药为主的康养制造产业，以辣椒、马铃薯、牛肉为主的农产品加工产业和以黄连、大黄等中药材加工为主的医药产业，着力壮大规模以上康养制造业企业数量。

9.1.2　康养产业发展成效

石柱县康养产业提质增效，支撑效应进一步增强。

（1）"观养"产业强劲恢复，成功举办中国·重庆（石柱）第六届康养大会，联合发布"石柱共识"，携手武陵山区 11 个市（区）县共建全国生态康养胜地，提速推进冷水国际康养旅游度假区建设。上榜"2022 中国县域旅游发展潜力百强县市"，全年接待游客达 1950 万人次，创旅游综合收入 146 亿元，增长 14.1%。

（2）"疗养"产业持续发展，医疗体系进一步改善，建成南宾街道社区卫生服务中心、县中医院感染病区改造项目，"三通"改革试点成效明显，医疗机构与养老服务机构签约实现全覆盖，县域内就诊率达到 91%，人均期望寿命达到 77.46 岁；社会保障进一步强化，城乡居民养老、医疗保险参保率稳定在 95% 以上。

（3）"食养"产业取得成效，新建、续建有机农业示范基地 41 个，新增"全国名特优新农产品"2 个、绿色食品认证 8 个，新评定市级名牌农产品 9 个，实现农业总产值 56 亿元，增长 12.6%。

（4）"文养"产业持续繁荣，县文化馆获评国家一级馆，《秦良玉》成为全市唯一入选第九届中国京剧艺术节剧目。

（5）"动养"产业持续深化，黄水铁人三项公开赛升级为国家 A 级赛事。

（6）"住养"产业持续发力，康养项目投资占全县固定资产投资比重达 42%，旅游地产销售额占全县商品房销售额比重达 6.5%。

（7）"康养制造"产业步伐加快，规模以上特色中药制造工业产值为 1.49 亿元，规模以上康养食品用品制造工业产值为 8.91 亿元。

9.2　石柱县康养产业创新发展体系

石柱县康养产业创新发展体系，以形成成渝地区康养经济新标杆为目标，以"全域康养、绿色崛起"为发展主题，构建起"观养、疗养、食养、文养、动养、住养"+"康养制造"的"6+1"康养产业体系，不断推进康养产业融合发展、链式发展。康养产业正在形成石柱县具有牵引作用的重要产业，康养经济逐步成为石柱发展特色和名片。

1. 以"旅游"为抓手，着力打造"观养"精品

依托优势康养旅游资源，立足渝东南旅游经济带，积极融入"长江三峡国际黄金旅游带"，坚持以康养为核心的全域旅游发展战略，以康养产业与旅游业深度融合发展为路径，充分利用山水林田湖草洞等旅游资源优势，着力挖掘城乡、田园等地域特色，重点发展休闲观光旅游、山地生态旅游、田园休闲旅游、温泉浴养旅游、自驾露营旅游等康养旅游产业，实现与"食养"美食、疗养服务、康养体育、康养文化等联动发展，推动大健康与生态旅游深度融合，将石柱县建设为全国著名康养旅游目的地，成为重庆市"国际旅游目的地"的重要板块。

2. 以"健康"为统揽，着力提升"疗养"水平

依托石柱县良好的区位条件和生态环境，运用现代科技手段，创新体制机制，以治未病为核心，集聚市内外优质医疗资源与养生养老深度融合，重点发展医疗服务、养生保健服务、养老服务、健康管理服务，建设成为连接渝东南、渝东北片区的区域医疗中心，重庆知名的医养结合康养服务集聚区，把疗养产业打造成为"康养石柱"的核心产业。

3. 以"特色农业"为依托，着力培育"食养"品牌

以绿色为本底，整合渝东南、渝东北相关区县健康农业优势资源，以发展安全、绿色、有机、营养的高品质康养农产品为目标，以生产绿色化、有机化为路径，充分展示绿色有机产品和特色饮食文化，重点发展特色农产品种养殖、精深加工及康养美食开发，把石柱县建设成为康养农业生产示范基地，打造全国知名的中国康养美食之乡。

4. 以"文化"为引领，着力丰富"文养"内涵

贯彻坚持保护与开发并举的指导思想，发挥康养文化的教育规范、引导熏陶、价值展示等作用，立足土家族民俗文化、土司文化、宗教文化、农耕文化、中医药文化等康养文化资源，以文化提升康养内涵，以康养扩大文化消费。做精禅修养生、农耕养生、健康教育产业，培育康养会展、文化创意产业，着力将文化元素植入康养产业体系，构建起与"风情土家·康养石柱"相适应的现代康养文化产业体系，建成武陵山区康养文化高地。

5. 以"运动"为载体，着力创新"动养"业态

贯彻落实"全民运动"倡导，统筹经济社会发展与康养运动相适应，以完善运动康养基础设施为依托，打造三大运动康养赛事品牌，构建以赛事活动、康体健身、户外运动、专业训练等为内容的康养体育运动产业链条，建成全国康养体育运动强县、全国体育旅游示范县、全国户外运动首选目的地。

6. 以"宜居"为要求，着力优化"住养"精品

坚持问题导向和需求导向，坚持生态优先、科学规划，加快推进城市基础设施提升改造工作，着力推动康养产业与房地产创新融合，大力推进养生旅游地产、养老康复地产、康养民宿和康养民居等产业板块发展，大力培育适应健康消费需求的康养地产发展体系，建成全国著名的住养产业发展高地。

7. 以"制造业"为支撑，着力指引"康养制造"新方向

优化产业空间布局，提升制造业承载水平，创新制造业发展模式，

依托高品质工业园区，拓展壮大龙头企业引领、关联企业跟进的发展模式，共助制造业和康养产业深度交汇融合，依托中药材资源和绿色农产品的资源优势，打造特色中药制造产业集群、康养食品及用品产业集群。着力招大引强，引进培育智慧健康器械制造产业集群，建成全国著名的康养产品研发加工产业生态圈。

9.3　石柱县康养产业创新发展趋势

石柱县创新康养产业发展体系，以形成成渝地区康养经济新标杆为目标，不断推进康养产业融合发展、链式发展。

1. 康养旅游产业体系日趋深化

面临康养旅游产业重大政策机遇、旅游消费提档升级和健康农业、健康医疗等产业与旅游融合发展催生新业态的外部因素，凭借康养旅游产业区位条件优越、旅游资源丰富和产业基础扎实的内部条件，打造休闲观光旅游、山地生态旅游、田园休闲旅游、温泉浴养旅游、自驾露营旅游和生态研学旅游的产业体系，推动大健康与生态旅游深度融合。

2. 疗养服务产业体系日趋完善

坚持以维护和促进人民群众身心健康为目标，构建医疗服务、养生保健服务、养老服务和健康管理服务的产业体系，打造"疗养"健康福地。

3. 食品养生产业体系日趋精深

坚持以绿色健康康养食品开发为目标，构筑绿色农产品生产基地、康养性美食和功能性美食的产业体系，做大做强绿色健康食材生产集聚区，着力把"食养"经济培育成为新的经济和消费增长点，推动石柱县"食养"产业提质增效。

4. 康养文化产业日趋丰富

打造禅修养生、农耕养生、健康教育、康养会展、文化创意等产业体系，实现与康养地产、教育医疗、健康体育、休闲旅游等关联产业的联动发展，提高康养产业链条融汇度。

5. 运动康养产业体系日趋健全

以动养产业发展带动体旅消费，加快康养体育服务与健康产业深度交汇，打造完善运动康养基础设施、打造品牌康养赛事活动、传承创新体育特色项目、培育发展健身休闲业和丰富全民健身活动的产业体系，构建康养运动产业链条。

6. 康养地产产业体系日趋繁荣

着力推动康养产业与房地产创新融合发展，大力培育适应健康消费需求的房地产业，打造养生旅游地产、养老康复地产、康养民宿和康养民居的产业体系，建成富有特色的休闲康养地产发展高地，提高地产经济的附加值。

7. 康养制造产业体系日趋提升

依托市场对健康产品旺盛需求、丰富的特色资源基础和产业基础，构建特色中药制造、健康食品用品制造和智慧康养器械制造的产业体系，主动延伸产业链，打造产业集群，精准对接康养农业、康养服务业，实现协同发展。

9.4　石柱县康养产业创新发展重点

产业培植是"康养"经济发展的重点，石柱县紧紧围绕"6+1"康

养产业体系，突出民族特色。从七个方面入手，重点培育现代"康养 +
多型、多维度产业"。一是以"旅游"为抓手，着力打造"观养"精品，
重点发展休闲观光旅游、山地生态旅游、田园休闲旅游、温泉浴养旅游、
自驾露营旅游等康养旅游产业；二是以"健康"为统揽，着力提升"疗
养"水平，重点发展医疗服务、养生保健服务、养老服务、健康管理服
务；三是以"特色农业"为依托，着力培育"食养"品牌，发展特色农
产品种养殖、精深加工及康养美食开发，打造康养美食和功能性美食；
四是以"文化"为引领，着力丰富"文养"内涵，做精禅修养生、农耕
养生、健康教育产业，培育康养会展、文化创意产业；五是以"运动"
为载体，着力创新"动养"业态，构建以赛事活动、康体健身、户外运
动、专业训练等为内容的康养体育运动产业链条；六是以"宜居"为要
求，着力优化"住养"精品，大力推进养生旅游地产、养老康复地产、
康养民宿和康养民居等产业板块发展；七是以"制造业"为支撑，着力
指引"康养制造"新方向，打造特色中药制造产业集群、康养食品及用
品产业集群。着力做强做优做好康养产业，为经济发展持续助力。此外，
围绕推动旅游标准化建设，聚焦完善全域旅游标识系统，统一服务规范
的目标，石柱县创新康养产业标准体系，打造以通用基础标准 + "六养"
标准体系为基本构架的康养产业创新发展标准体系，推动乡村旅游发展、
中医医疗服务能力建设、康养美食标准化发展、健全文化服务机制以及
推动康养地产高质量发展。

9.4.1　聚焦全域旅游新业态，助力康养旅游新发展

积极发展休闲观光旅游，依托高山、森林、草原、土家文化、乡村
特色的自然景观、人文景观和田园景观特色，推进大风堡—太阳湖、千
野草场等景区建设，打造大黄水乡村旅游示范区、七曜山特色山乡休闲
度假区等度假区，大力发展自然观光和人文景观观光旅游产业。重点发
展四季观光旅游，根据节令推出有针对性的旅游产品，丰富旅游产业链。

1. 大力发展山地生态康养旅游

依托山地地质地貌景观、山地河流湖泊瀑布等特色景观，重点打造生态体验旅游、山地避暑养生、森林康复疗养、户外拓展旅游等产业，加强优质森林资源、中医药资源与传统医学有机结合，依托"森林人家""森林小镇"，大力开发景区森林浴、登山览胜、天然氧吧、中医药疗养康复、竹林疗养、避暑度假等生态养生体验产品，打造具有国际特色的山地生态康养旅游胜地。

2. 着力发展田园休闲康养旅游

依托乡村养生自然资源、乡村养生文化资源和乡村养生体验配套资源，大力发展田园观光、农耕民宿体验、乡野拓展等产业，推进健康养生项目与种植养殖基地、农耕用具、农耕文化、民俗风情、农业劳作过程和农业生产过程相结合，大力发展农业"新六产"，设计田园休闲康养旅游精品线路，建设一批休闲农业公园和田园康养综合体。

3. 全面发展温泉浴养康养旅游

依托优质地热资源等温泉特色资源，发挥冷水、县城、西沱古镇等温泉资源载体支撑作用，积极建设发展温泉康养小镇、温泉度假城和温泉保健疗养基地。积极发展温泉养生文化，发挥美容、瘦身、养生、康体等功能，推动温泉资源综合开发利用，结合辅助养生材料、养生手段及现代科技康疗手法，培育以温泉疗养、温泉保健等为调养手段的健康养生业态。

4. 大举发展自驾露营旅游

依托优质的地质地貌、乡村景观、露宿营地等特色资源，提档升级大黄水度假旅游区和七曜山等自驾旅游露营基地，完善自驾露营的道路、信息、水电、厕所等配套设施，精心设计自驾露营线路体系，串联特色小镇、古村落、梯田、草场、地质景观，构建全域自驾环线旅游廊道景观体系。

5. 全力发展生态研学旅游

依托具有较高科研科普价值的森林资源、地质资源、湿地资源等特色资源，积极发展森林研学旅游、湿地研学旅游、地质研学旅游和中医药研学旅游产业。以黄河国家森林公园、方斗山等景观资源为基础，建设地质博物馆、地质科普点及科普线路、湿地科教中心、湿地科普展示园，为游客提供丰富多样的生态科普、教育、体验等产品。以黄连种植园、药用植物园等为基地，开发中医药康养旅游主题线路，以达到科普教育与生态养生的目的。

9.4.2　聚集医养结合新方向，构建疗养服务新格局

1. 大力提升医疗服务

依托现有医疗资源和链接渝东南、渝东北地区的区位优势，借助重庆市的医疗资源优势，大力发展公共医疗服务，重点打造老年病科、心内科、呼吸科、神经科、儿科等特色专科，打响优势特色专科知名度；培育发展智慧医疗，积极运用互联网新技术，发展网上挂号、在线支付、远程图像、远程会诊和远程教育等新手段，推动医疗服务智慧化发展；积极拓展康复疗养服务，为患者提供神经病康复、骨关节疾病康复、心脏疾病康复、儿童运动与感觉疾病康复等服务，优化患者康复渠道。着力建成县人民医院、县中医院为核心的联合平台，推动医疗救护、医疗保险和医疗教育培训衍生产业协同发展，建成区域医疗中心和重庆养老康复基地。

2. 大力完善养生保健服务

依托黄连等药材特色资源和重庆市优势中医药资源优势，提高中医

药保健服务标准，高水平建设黄水标准化国医馆、悦莱等 6 个中医馆提档升级项目；健全食品保健服务，大力发展养生保健、膳食咨询、养生保健膳食定制服务等业务；提供心理保健服务，积极开展心理咨询、心理治疗、心理测评、心理教育、心理危机干预等养生服务；促进智慧保健服务，努力实现可穿戴保健设备租赁/销售、体征数据采集与养生保健指导、养生保健类保险产品开发等服务。着力建成养生保健集群产业平台，促进中药保健培训、营养师培训和心理咨询师培训等衍生产业的联动发展，打造重庆市知名中医药保健养生基地。

3. 大力促进养老服务

依托森林资源、温泉资源等特色资源，重点构建养老护理产业，开展家庭护理、医疗护理和公寓护理服务；积极培育养老文化产业，组织开展老年种植体验、老年采摘体验等文化活动；深化养老服务，积极发展家政服务、餐饮服务、超市服务等惠老服务；稳妥发展养老金融产业，提供养老保险和养老理财服务；扎实推进养老娱乐产业，开展歌舞训练、垂钓、旅游和书画训练等培训服务。着力打造养老服务产业平台，促进养老地产等衍生产业发展，打造重庆知名清凉养老基地。

4. 大力培育健康管理服务

依托医疗服务、保健养生服务、养老服务，聚焦发展健康体检产业，重点发展中医体检中心和心理体检中心服务；积极提供健康咨询，重点开展养生咨询和康复咨询服务；加快搭建医学检验/影像平台，重点提供检验中心和远程影像技术服务；加快推动医学科技成果转化，培育医学科技服务中介、中医药保健养生汇编等服务产业；健全医疗服务评价体系建设，积极开展第三方医疗服务质量评价和健康市场调查。着力搭建健康管理产业平台，推动医疗物流衍生产业联合发展。

9.4.3　聚焦健康农业新定位，打响食品养生新品牌

依托整合渝东南、渝东北相关区县健康与农业资源的优势，促进绿色农业与康养产业深度融合，着力发展成为康养农业产业示范基地和全国知名的中国康养美食之乡。

1. 全力培育绿色农产品生产基地

充分利用优质绿色农业资源优势，积极发展优质稻米、优质"双低"油菜和优质马铃薯，建设优质粮油生产基地；充分发展以辣椒为主的优质调味品产业，建设一批绿色有机辣椒基地和优质花椒基地；发挥有机莼菜的龙头带动作用，大力发展有机菜用桔梗、高山甘蓝、萝卜等有机蔬菜，打造有机莼菜基地、绿色有机蔬菜基地；积极发展长效木本中药材，建设高山片区黄连产业带和三木药材产业带，着力发展黄连、前胡、百合积、瓜蒌等草本药材，大力推进中药标准化基地建设；适度发展规模养殖产业，以优良的品种、牧草生产与加工利用及疾病防治为基础，重点巩固提升中蜂、兔子、生猪、土杂鸡、冷水鱼等特色养殖，打造生态畜养基地；在沙子、马武等中高山片区新发展核桃干果，保护性发展野生牛肝菌、香菇等食用菌及竹笋、板栗、核桃、白果等林产品，着力创建林产品生产基地。

2. 聚力打造康养美食和功能性美食

充分利用本土优质农产品和浓郁的土家风情优势，重点挖掘土家特色系列菜品，推出"土家山珍滋补养生汤""天麻土鸡汤""土家八大碗等系列康养美食菜品，打造"良玉壮行宴""良玉庆功宴""良玉家宴"等良玉宴席系列菜品；深度挖掘功能性美食，依托石柱县绿色有机农产品和地道中药材、药食两用产品，面向康复、养生、养老等特定人群的特殊需求，有针对性开发药膳宴、素食宴等功能性美食；加快形成一批

集休闲娱乐、疗养健身、农事体验等多种元素于一体的康养美食名店，推动观光美食和健康养生融合发展，打响康养美食品牌；支持制定包括食材标准、菜品标准、服务标准、店堂设置标准等在内的石柱康养美食质量标准，推动特色餐饮向规范化、标准化发展；积极举办"中国·石柱康养美食论坛""中国·黄水康养美食大赛及品鉴会""土家美食文化节""康养食材火锅宴"等康养美食节会活动，全面提升"文创体验＋餐饮娱乐"沉浸式消费体验，构建多元融合的消费业态，打造"中国康养美食之乡"特色品牌。

9.4.4 聚焦土家风情新内蕴，打造康养文化新链条

依托人文底蕴厚重，土家风情浓郁的文化资源，围绕建设"风情土家·康养石柱"的目标，加速土家文化与康养深度融合，建成武陵山区康养文化高地。

1. 推动禅修养生

依托三教寺、银杏堂等宗教圣地和黄水国家森林公园，冷水、西沱温泉资源，打造佛道教养生文化度假区和禅修养生庄园、黄水森林慢生活康养公园、康养艺术工坊、莼汤温泉禅养会所。打造宗教养生理论、森林禅修静养等养生导引术和茶道艺术、宗教养生饮食、温泉康养的养生方式。

2. 深挖农耕养生

以冷水中国莼菜公园、黄水森林康养基地建设为契机，依托农耕文化、康养农业资源和山地生态资源，大力发展以农耕民俗体验为主的农耕养生产业，开发农耕实践、观光采摘、厨艺体验等产品，培育壮大农业产业化龙头企业。

3. 提升健康教育

依托农耕生态文化、传统养生文化、非物质文化遗产，积极开展公共健康文化教育、康养文化研究、康养文化的保护传承，筹办全国性康养论坛、学术会议。建立"中国土家康养研究院"、非物质文化遗产数据中心、中医药文化数据库，加强各类社会公益性健康教育信息平台建设，举办康养文化普及讲座，推动公民健康素养教育进学校、进课堂，建立农耕科普教育基地。

4. 举办康养会展

依托康养文化旅游资源、健康农产品资源、健康制造业优势，积极开展节前会展活动和会展服务，培育一批国家、市级品牌康养项目，加快提升石柱县在康养专业会议、展览会与博览会、大型节会赛事活动等领域的服务水平和服务能级，将石柱县打造成武陵山康养会展枢纽。

5. 培育文化创意

实施康养文化产品创意创新孵化工程，培育康养文化创意产业集聚区，孵化一批康养文化创意产业重点项目、培育康养文化创意龙头骨干企业；开展展现康养石柱的文艺创作，打造集文艺作家、影视歌舞剧作、工艺创作、土家文化特色于一体的文化集聚高地。

9.4.5　聚焦全民运动新目标，助推运动康养新高峰

1. 完善运动康养基础设施

围绕县城、乡镇（街道）、旅游景区（点）三级空间格局，完善体育场馆、全民健身中心、乡镇（街道）健身广场、社区多功能运动场、体育公园、户外活动营地等公共体育设施，在人群集中且有条件的乡镇

（街道）新建健身广场；以休闲娱乐为引领，建设国家级亚高山康养运动中心、阳光体育休闲度假体验基地和国家级体育户外运动基地等运动休闲场地。

2. 打造品牌康养赛事活动

以打造为全国著名康养体育品牌赛事为目的，提升环七曜山山地自行车挑战赛、亚高山山地马拉松赛、黄水太阳湖公开水域游泳赛三大户外运动赛事质量，承办铁人三项、全国象棋比赛等国家级赛事，依托国家体育赛事推动市级体育赛事发展，积极承办登山赛、健身气功交流赛和全市青少年足球赛、羽毛球赛等赛事，推动中老年群体和青少年体育运动发展。

3. 传承创新特色体育项目

深耕传统体育活动，重点扶持摆手舞、舞龙和舞狮等传统康养体育项目，围绕土家独特的历史文化内涵和民族特色，传承和发展竹铃球、抢天地球等土家民族传统康养体育项目，挖掘开发文、旅、体、娱结合项目，实现文、旅、体、娱等有机融合；创新发展特色项目，开发适合女性的森林瑜伽、亲子骑行比赛，适合青年群体的彩色跑、丛林穿越、三人足球等项目，满足女性、青少年、时尚青年等不同群体的多样化健康体育需求。

4. 培育发展健身休闲业

优化健身休闲产业空间布局，实施健身休闲品牌工程，提高健身休闲业在全县体育产业中的比重，打造5家精品健身俱乐部和一批冰雪、水上、山地户外健身休闲经营主体，修建集土家传统体育表演、游客体验、道具销售于一体的传统体育展示区；鼓励和引导民间资本进入新兴体育产业领域，积极开发和引进健康有益、趣味性强的健身休闲项目。

5. 丰富全民健身活动

借助"全民健身"东风，以政府为主导，每年定期举办"风情土家·康养石柱"民族体育运动会，支持和引导各乡镇（街道）、机关企事业单位定期开展篮球、足球、乒乓球等全民健身活动，营造全民健身活动进机关、进学校、进企业、进社区的浓厚氛围。

9.4.6　聚焦宜居宜养新要求，布局康养地产新赛道

锁定"康养地产"发展主赛道，推动大健康产业和地产深度融合发展，打造康养地产新业态。

1. 打造养生旅游地产

依托项目地良好的气候及生态环境，重点引入"地产开发＋中西医养生配套＋全程养生服务"的开发模式，构建生态体验、度假养生、温泉水疗养生、森林养生、高山避暑养生、田园养生等养生业态，打造休闲农庄、养生度假区、养生谷、温泉度假区、生态酒店等产品；以打造宜居宜游的高端康养住宅为目标，启动冷水、枫木等新规划避暑休闲地产、滑雪小镇、太阳湖避暑休闲地产等项目，推进东方晨光、凤凰栖等高端康养地产项目建设，形成生态养生旅游地产著名高地。

2. 发展养老康复地产

开发智能社区养老地产项目，充分整合利用养老、医疗等资源，提供养老、救援、医疗、护理、康复、养生等便捷式、一体化服务，满足老人的养老需求，带动餐饮、医药、老年用品、金融、旅游、教育等多产业的协同发展。

3. 推行康养民宿

依托市级美丽宜居村庄建设和发展七曜山特色山乡休闲度假区、大

黄水乡村旅游示范区等景区的契机，引导农村建设用地流转和入市，着力培育乡村民宿产业，充分利用闲置农宅，优化农家乐的配套功能，提高民宿从业者经营管理水平，提升游客乡村文化体验感。

4. 开发康养民居

规范农村房屋建设管理，严格控制房屋结构、楼层、风貌、质量、节能等指标，完善康养民居建设指导性标准。实施农村人居环境"示范点"建设，完善农村垃圾收运系统，改善农村居住环境，提升"住养"水平，实现全民康养。

9.4.7 聚焦研发加工新支撑，铺设康养制造新路径

1. 发展特色中药制造产业

发挥石柱黄连在全国中药材的地位优势，持续推进以黄连为引领的中药材精深加工，构建以药品、保健食品、保健用品为核心的特色中药产业体系。大力发展中药制药业，加强实力雄厚的大型药企及研发机构的引进，支持神奇药业等企业研发新的药品品种，推进名优中药品种二次开发和中药新型饮片、中药配方颗粒、中药新药研发生产；积极拓展中药衍生产业，开发中药材药食两用功效，发展药膳、酒、茶、功能性饮品食品等日用品和护理用针灸、艾灸等日常保健用品。力争建成全国著名的黄连精深加工研发生产基地，打造特色药材加工中心。

2. 拓展食品用品制造范围

围绕地区丰富的绿色农产品资源，以精深加工为主线，延长农产品加工产业链，围绕抗衰老、增强免疫力、辅助降脂降糖、减肥等功能，着力推进单一食材原料向高附加值药食两用产品转变，做精做特保健食品用品加工；重点做大以"富硒锌米"为代表的优质健康粮油加工业，

以辣椒为代表的绿色健康调味品加工业，以长毛兔为代表的绿色康养畜禽肉制品加工业，以食用菌、脆红李、绿色蔬菜为主的康养果蔬加工，做大绿色食品加工业。推动莼菜等特色农产品由普通食品向功能性食品用品转化，农业资源优势向康养食品用品制造产业优势转化。

3. 培育智慧康养器械制造业态

发展小型医疗电子器械及设备，家用小型治疗设备，移动可穿戴医疗设备等智能化、便携式设备和中医诊断、治疗用智慧化辅助诊疗仪器等，培育医疗器械制造产业圈；以个人家庭用、社区用普适性健身器械、户外运动装备和智能健康养老服务设备为主要方向，发展小型化、便携式、智能型运动器材及康复训练、康复理疗等康复器械和辅助器具。

9.5　石柱县康养产业创新发展标准体系

坚持以基础术语、标准体系分类和编号规则、康养产业发展指标体系、生态环境质量满意度测评、旅游活动环境与生态保护行为规范、垃圾无害化处理通则、污水处理规范通用标准为基础，打造以通用基础标准 + "六养" 标准体系为基本构架的康养产业创新发展标准体系。

围绕推动旅游标准化建设，聚焦完善全域旅游标识系统，统一服务规范的目标，健全景区建设与管理、旅游服务、道路交通、旅游特色商品的 "观养" 标准，进一步推动乡村旅游发展，创建高端旅游品牌；发挥中医药服务能力优势，探索医养结合发展模式，完善机构建设、健康管理、特色中医和人才培养的 "疗养" 标准，进一步加强中医医疗服务能力建设，打造中医药疗养服务品牌；规范康养菜品的制作，发展地域特色的康养菜系品牌，培育食材、菜品制作、餐饮服务和安全卫生的 "食养" 标准，进一步规范康养餐饮行为，推动康养美食标准化发展；丰富文化产品和文化服务内容，推行设施、服务、民俗文化和文化产业的

"文养"标准，进一步健全文化服务机制，增强公共文化服务能力，为"康养石柱"建设提供精神动力和文化支撑；促进体育建设与旅游、文化、医疗等产业深度融合发展，规范服务行为，统一服务规范、基础建设、赛事活动、人才培养和产业建设"动养"标准，通过完善基础设施建设，举办体育品牌赛事，以体育产业增长推动县域经济增长；推广"绿色建筑""产业化建筑""乡村民宿文化建筑"等高品质、现代化的住房建设，打造康养民居和康养地产"住养"标准，进一步推动康养地产高质量发展。

9.6 本章小结

石柱县凭借良好的生态环境、浓郁的土家风情，造就了"中国黄连之乡""中国辣椒之乡""全国最大的莼菜生产基地"，成为全国绿化模范县、绿色小康县、民族团结进步示范县；借助特色农业、休闲旅游业较好的基础，全力发展康养经济，助力石柱县经济持续稳步增长。石柱县大力践行"健康中国"发展理念，着力在做优做精做强"康养"产业上下工夫，已构建起以现代山地特色高效农业、绿色生态工业、康养休闲旅游业为重点的大康养产业体系。本章讲述了石柱县"6+1"康养产业体系、康养产业创新发展体系、康养产业发展重点，总结了石柱县康养产业发展的经验。

第10章 基于康养体验感知价值的成渝地区双城经济圈"后花园"建设的实证分析

10.1 问题提出

成渝地区双城经济圈建设是习近平总书记着眼中华民族伟大复兴战略全局和世界百年未有之大变局，亲自谋划、亲自部署、亲自推动的国家战略。全力推动成渝地区双城经济圈建设是成渝地区再赴国家战略、勇担时代使命的重大机遇。成渝地区的涪陵、合川、乐山、雅安、南充、攀枝花等地具有适合康养的资源比较优势，是成渝地区双城经济圈高品质生活宜居地的重要组成部分。2020年7月10日四川省委十一届七次全会明确提出，支持攀枝花推进安宁河谷综合开发，打造国家级战略资源创新开发试验区、成渝地区阳光康养度假旅游"后花园"，建设清洁能源基地，这为攀枝花未来的发展指明了方向，也正好契合了攀枝花全力做好钒钛、阳光"两篇文章"、打造阳光康养胜地的发展思路。随着我国经济社会的飞速发展及后疫情时期人们对与康养相关的产品与服务需求的爆发式增长（张旭辉等，2020），全国不少城市都高度重视并大力推动康养产业发展，康养市场的竞争将日益激烈。因此，对于攀枝花这样具有独特的光热资源的城市而言，如何根据其自身特征准确把握消费者康养需求，并识别其感知价值的驱动要素，如何测度其对消费者康养体验满意度的影响及探明其作用的机制，对提升攀枝花市康养城市品牌及加快成渝地区康养"后花园"建设均具有十分重要的现实意义，同时也能为涪陵、合川、乐山、雅安、南充等打造成渝地区双城经济圈康养"后花园"提供借鉴。

10.2 文 献 综 述

10.2.1 感知价值的研究

感知价值（customer perceived value，CPV）自提出以来就被大量运用于对消费者的行为进行研究。与此相关的研究范围非常广泛，既包括有形的产品市场又包括无形的服务市场，如具体的汽车产品市场、商品房市场、手机市场、医疗服务市场、旅游服务市场、通信服务市场等顾客的感知价值研究，甚至还有运用于扶贫对象的感知价值上的研究。从研究的关注点来看主要集中在以下几个方面：一是感知价值含义的研究。对感知价值的含义，国内外学者主要从权衡视角、多因素视角和综合评价视角来加以理解。权衡视角认为感知价值是顾客在产品或服务购买及消费的特定情境中对给定的得利与得失或利益与支付的权衡比较，是对为其提供服务活动的一种综合感受与认知。如波特（Porter，1985）认为顾客感知价值是消费者感知的产品或服务的性能与所消耗成本的一种权衡；扎伊塔姆（Zaithaml，1988）提出，顾客感知价值是顾客对产品或服务的感知利得与感知付出之间的权衡，取决于收益与成本间的比较；白长虹和廖伟（2001）提出，顾客感知价值是顾客基于其在对产品或服务在购买及使用消费过程中所付出的代价及所获得效用的一种比较评价；武永红和范秀成（2004）认为顾客感知价值是顾客对产品或服务所感知的已经、正在或将会得到的各种收益与为此所感知的已经、正在或将要付出的各种代价进行权衡比较后形成的一种总体评价。多因素视角试图通过对顾客感知价值的细分来界定其含义，认为感知价值可具体从功能感知价值、社会感知价值、情感感知价值和情景感知价值等不同的方面来加以理解。如谢特恩（Sheth，1991）认为顾客感知价值由功能价值、社会价值、情感价值、认识价值和情境价值五个因素构成；伍德拉夫（Woodruff，1997）认为顾客感知价值是由实受价值和期望得到的价值构成的；维格内罗和詹森（Vigneron & Johnsor，2004）认为，可用唯一价值、炫耀价值、情感价值、社会价值和品质价值来对顾客感知价值进行解释。综合评价视角则结合情境和顾客差异性因素对此进行界定，认为感知价值是顾客对其通过所购买产品或服务获得各种利益的总体评价，是一种对包括产品性能、质量、成本及服务等方面所作出的主观综合价值评价，从而形成满意或忠诚。如斯温尼和苏塔（Sweeney & Soutar，2001）认为顾客感知价值是顾客对其所消费产品或服务所获得的各种效用的总体评价；魏中龙和郭辰（2007）认为顾客感知价值是顾客对产品性能、质量、服务和成本等综合价值的主观评价。二是感知价值驱动因素的研究，认为感知价值既有来源于产品或服务的价格与质量方面的基础驱动因素，又有来源于品牌、文化、绿色及安全等更为复杂的驱动因素，并根据所研究的具体不同的产品或服务市场研究提出不同的感知价值驱动因素。如帕拉苏拉曼（Parasuraman，2000）认为产品质量、服务质量和价格是顾客感知价值的主要驱动因素；贝利（Berry，2000）认为品牌价值是感知价值的重要驱动因素；杨龙和王永贵（2002）认为在时间和空间上的便利程度是感知价值的重要驱动因素；杨晓燕和周懿瑾（2006）则从生态经济的角度提出角色价值是顾客感知价值的不可忽略的驱动因素；张国政等（2017）从质量安全的角度提出安全价值驱动因素；王伟等（2018）提出文化价值是顾客感知价值的重要驱动因素；倪渊等（2020）则认为在网络下平台信息服务价值是感知价值的重要驱动因素。三是感知价值的特征与影响研究，认为顾客感知价值具有多层次性、主观性、情景依赖性及动态性的特征。顾客感知价值的影响研究主要是从顾客、企业及管理三个层面进行。如斯莱特和纳沃（Slater & Narver，1994）认为顾客当前感知价值具有动态性，因此企业在为顾客创造价值的过程中要充分考虑顾客感知价值的动态变化；雷星晖和张伟（2012）认为电商平台顾客感知价值对企业未来销售产生了显著影响；李先国等（2017）认为虚拟品牌社区感知价值会对新产品购买意愿产生直接和间接的影响；张鹤冰等（2020）认为在线顾客感知价值对购买意愿的影响存在性别与年龄的差异。四是感知价值测度的研究。从现有文献来看，对感知价值主要采用定性和定量两类方法来进行测量。早期研究用定性法较多，如访谈法和观察法等，之后"手段—目的"链理论被引入以克服观察法的不足。在基于感知价值驱动要素研究成果基础之上，定量测量方法在后期的研究中使用较为广泛，包括构建结构方程模型法、运用联合分析法和多级模糊综合评价法等。并且研究的领域不断扩大，如汽车顾客、飞机乘客感知价值测量，游客、网络在线顾客、医疗客户等的感知价值测量。如弗林特和伍德拉夫（Flint & Woodruff，2002）等将"手段—目的"链理论引入并运用于顾客感知价值测量评价中；彼得里克（Petrick，2004）提出了包含价格、情感回应、货币价格、质量及声望五个因素的感知价值测量量表模型；王宝等（2010）采用联合分析法同模糊综合评判法对顾客感知价值进行测量；刘畅（2015）采用结构方程模型对高端消费品感知价值进行了量化研究；王宗水等（2016）通过构建包括产品质量、服务质量、品牌价值、角色价值和价格五个方面的要素模型对我国家用汽车顾客感知价值进行了测量研究；何景师（2017）运用结构方程模型对O2O多渠道顾客感知价值与忠诚度进行了测量研究；于欣禾和王建萍（2020）采用多级模糊综合评价法对互联网环境下男衬衫定制顾客感知价值进行了测量评价。

10.2.2　康养产业的研究

2014年12月首届中国阳光康养产业发展论坛第一次提出"康养产

业"的概念，之后相关研究日益增多，但目前对于其概念尚未形成统一认识，现有文献大多聚焦于概念界定和产业发展实践，总体上处于起步阶段。相关领域的研究，如"健康产业""养生产业"的大量研究出现在近 10 年，"养老产业""老龄产业"的大量研究出现在近 20 年。国内相关研究主要围绕以下四方面展开：一是康养产业的内涵与特征。具有代表性的观点是："康养产业"分为"健康"和"养生"两个方面（李后强，2015）；包括"健康""养生"和"养老"三个维度（何莽，2018）。康养产业的特征包括公共性、差异性、生态性和人文性等（程臻宇，2018）。二是康养产业的业态与类型。按所依托资源不同，分为森林康养、气候康养、温泉康养、旅游康养、海洋康养、中医药康养等业态（李后强，2015）。三是康养产业发展模式。不少学者认为康养产业具有复合型特征，融合发展是其发展趋势（周永，2018；刘战豫等，2019；何莽，2019），包括旅居康养和医养结合模式（何莽，2019）、康养旅游模式（何彪等，2018）、"康医养"模式（唐亚林和张潇，2019）等。四是康养产业发展实践。相关成果着眼于分析特定区域康养产业发展实践，对攀枝花康养产业实践的研究相对集中（雷鸣等，2018；王佳怡，2018；钟露红等，2018）；对区域康养产业可持续发展能力进行评价，开展案例研究（何莽，2019）。国外相关研究很有限，研究方向包括医药卫生体系（Cutler & Deaton，2006；Nils Gutacker et al.，2016）、医疗保障（Ethan M J Lieber，2018；Gawain Heckley et al.，2016）、健康行为的经济学研究（Henry Y M，2018；Sophie Witter et al.，2010）等。

综合以上相关研究来看，当前对感知价值的研究较为充分，对感知价值的重要性、作用、构成等方面都做了大量的研究。从研究方法上看，定量的实证研究运用较为普遍，研究的领域既有产品市场也有服务市场，其中旅游服务市场上顾客感知价值的研究最为常见。而针对像攀枝花这样的主要依托阳光资源的康养城市开展的消费者感知价值的研究则很少。本书在对四川和重庆（简称川渝）地区消费者的攀枝花康养体验感知价值进行网络问卷调查的基础上，通过构建结构方程模型，对康养体验感知价值各驱动要素之间的关系进行实证分析，以探明要素作用的机理，期望找出攀枝花建设阳光康养胜地需要重点着力的方向，并提出切实有效、有针对性的政策建议。

10.3 理论分析与研究假设

10.3.1 研究模型的基本框架

参考现有关于商品和服务消费感知价值的相关研究（Parasurman & Grewal，2000；杨晓燕和周懿瑾，2006；王宗水等，2016；谢灯明等，2020），本书构建康养体验感知价值的七因素模型。构成康养体验感知价值的七种因素具体包括：康养环境感知价值、康养设施感知价值、康养消费感知价值、康养产品感知价值、康养服务感知价值、康养品牌感知价值以及"康养＋产业"感知价值。这些构成因素之间相互作用，共同决定了总的康养体验感知价值，而总的康养体验感知价值又对康养体验总体满意度产生关键的影响，进而对人们的康养消费行为（再来意愿与推荐意愿）产生影响。研究模型的基本框架如图10-1所示。

10.3.2 研究假设

1. 康养体验感知价值构成因素的关系

根据要素禀赋理论，一个国家或地区应该根据自身所具备的资源要素的相对优势制定经济和产业发展策略，重点发展资源要素相对丰富的产品及相关产业。要素禀赋条件是产品生产、产业发展以及地区经济发展的基础条件。对于康养产业和康养城市的发展而言，要素禀赋条件同样

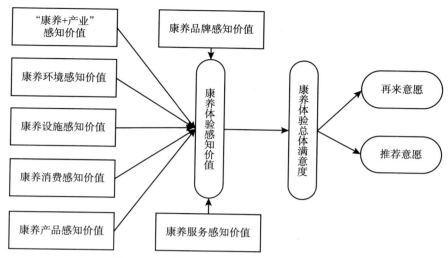

图 10 - 1　康养体验感知价值的七因素模型

具有基础性作用。要素禀赋条件对康养相关产业发展、康养设施建设、康养产品生产具有直接的、关键性的影响。10.3.1 节构建的七因素模型中，与要素禀赋条件对应的因素是康养环境因素，该因素在所有因素中起基础性作用，将对其他因素产生直接或间接的作用。综上所述，康养环境将对"康养 + 产业"、康养设施以及康养产品产生直接的影响。康养环境越好，越有利于"康养 + 产业"的发展、康养设施的建设以及康养产品的生产。康养设施的建立与完善、康养产品的生产，除了依赖于康养环境外，在很大程度还取决于康养相关产业的发展状况。康养相关产业的产出是各种康养产品生产和康养设施建设的投入要素，因此，"康养 + 产业"因素对康养设施以及康养产品也具有直接的影响。"康养 + 产业"发展越好，康养产品感知价值和康养设施感知价值越高。另外，康养设施在人们康养体验活动中直接提供相关的服务，与康养产品具有很强的互补性。因此，可以认为康养设施对康养产品也具有直接的作用。康养设施感知价值越高，康养产品感知价值越高。鉴于此，提出以下假设。

假设 10 - 1　康养环境感知价值对"康养 + 产业"感知价值具有直

接、显著的正向影响。

假设 10 - 2 康养环境感知价值与"康养 + 产业"感知价值都对康养设施感知价值具有直接、显著的正向影响。

假设 10 - 3 康养环境感知价值、康养设施感知价值以及"康养 + 产业"感知价值都对康养产品感知价值具有直接、显著的正向影响。

直接影响消费者消费满意度的主要因素包括产品质量、价格、品种多样性、消费场所配套设施以及消费过程中的服务体验等。这些因素直接影响消费者消费满意度的高低。一般来说，消费产品的质量越好、性价比越高、品种越丰富，消费场所配套设施越完善，消费过程中服务体验越好，消费满意度会越高。对于康养消费而言，上述的关系很可能依然存在，鉴于此，提出以下假设。

假设 10 - 4 康养产品感知价值、康养设施感知价值以及康养服务感知价值对康养消费感知价值具有直接、显著的正向影响。

产品、产业或者城市品牌竞争力的强弱是多种因素综合作用的结果，这些因素包括产品质量与特色、自然社会环境、产业规模与聚集程度、配套设施、服务水平、营销策略等。康养城市的品牌竞争力同样也会受到多种因素的影响。理论上构成康养体验感知价值的其他因素都可能对康养品牌感知价值产生影响。由于各因素之间存在相互交织的影响，因素之间存在较强的相关性。如果将所用因素同时包含到一个模型中，会遇到较为严重的多重共线性问题，进而影响结论的可解释性。根据目前康养城市发展的特点和经验，现有康养城市的发展大多数建立在自然条件优势（温度、空气、海洋、森林等）的基础上。而拥有这些优势的地区往往离人口相对集中的（区域）中心城市距离相对较远，交通条件和相关配套设施相对发展不足。在康养城市发展的早期阶段，康养设施对康养城市品牌竞争力的直接影响相对较小。因此，本书暂不考虑康养设施感知价值对康养品牌感知价值的直接作用。另外，其他因素是否对康养品牌感知价值具有直接、显著的作用也存在疑问。比如，康养环境感知价值无疑是康养品牌感知价值的重要影响因素，然而，根据假设 10 - 1 ~ 假设 10 - 3，康养环境感知价值会通过"康养 + 产业"感知价值、康养设施感知价值以及康养产品感知价值对康养品牌感知价值产生间接的影响。在控制这些因素影响后，其直接影响不一定会仍然显著。类似的观点，也适用于其他因素。鉴于此，提出以下假设。

假设 10 - 5 康养品牌感知价值受多重因素的综合影响，部分因素对康养品牌感知价值具有直接、显著的正向影响，而部分因素可能会通过其他因素对康养品牌感知价值产生间接、正向的影响。

2. 康养体验总体满意度与再来意愿、推荐意愿的关系

消费者的消费体验对消费者消费选择和行为具有重要的影响。一般来说，一次满意的消费体验，通常会增大消费者再次消费的可能性，同时也会增大向亲朋好友推荐的可能性。鉴于此，提出以下假设。

假设 10 - 6 康养体验总体满意度对再来意愿具有显著的正向影响。

假设 10 - 7 康养体验总体满意度对向亲朋好友推荐意愿具有显著的正向影响。

3. 康养体验感知价值构成因素与康养体验总体满意度的关系

消费者消费体验满意程度受到多个方面因素的影响，其中，最为重要的因素可能是对所消费商品或服务的品牌认同度。当消费者购买或使用其认同品牌的商品或服务时，往往会获得比较高的满意程度，反之则相反。其他因素虽然也会对影响消费者消费体验满意程度具有重要影响，但是，它们很可能是通过对品牌认同度的影响而间接发生作用。对于康养体验而言，这种关系很可能依然成立。鉴于此，提出以下假设。

假设 10 - 8 康养品牌感知价值对康养体验总体满意度具有直接、显著的正向影响，而其他因素主要通过对康养品牌感知价值的影响而对康养体验总体满意度产生间接的正向影响。

10.4　研　究　方　法

10.4.1　康养体验感知价值评价体系构建

由于总体的康养体验感知价值及其构成因素不能测量并且具有多维特征，所以，本书采用结构方程模型考察康养体验感知价值构成因素之间的关系，并对 10.3 节提出的假设 10 – 1 ~ 10 – 8 进行检验。本书分别对康养体验感知价值各个构成因素设置测量指标，其中，康养环境感知价值设置了 8 个测量指标，康养设施感知价值设置了 8 个测量指标，康养消费感知价值设置了 6 个测量指标，康养产品感知价值设置了 7 个测量指标，康养服务感知价值设置了 6 个测量指标，康养品牌感知价值设置了 6 个测量指标，"康养 + 产业"感知价值设置了 8 个测量指标。另外，本书还设置了 3 个测量指标用以反映康养体验的总体评价，它们分别为：康养体验总体满意度、再来意愿、向亲朋好友推荐意愿。因此，本书最终构建了一个包括 8 个潜在变量和 52 个测量指标的结构方程模型。结构方程模型能够有效规避测量指标间的多重共线性问题。潜在变量及测量指标具体设置见表 10 – 1。本研究通过网络调查问卷的方式获取各测量指标的数据。

表 10 – 1　　　　　　　　潜在变量与测量指标

潜在变量	测量指标	潜在变量	测量指标
康养环境感知价值（fa）	fa_1. 温度	康养设施感知价值（fb）	fb_1. 交通设施
	fa_2. 湿度		fb_2. 住宿设施
	fa_3. 阳光		fb_3. 医疗保障设施
	fa_4. 绿化		fb_4. 休闲娱乐设施
	fa_5. 空气质量		fb_5. 运动健身设施
	fa_6. 风景名胜		fb_6. 文化体验设施
	fa_7. 文化风情和民俗		fb_7. 景观设施
	fa_8. 社会治安		fb_8. 公共服务设施

续表

潜在变量	测量指标	潜在变量	测量指标
康养消费感知价值（fc）	fc_1. 安全性	康养产品感知价值（fd）	fd_1. 产品丰富度
	fc_2. 价格透明度		fd_2. 产品特色
	fc_3. 诚实守信度		fd_3. 产品性价比
	fc_4. 合理性		fd_4. 餐饮食品
	fc_5. 监管效率		fd_5. 医疗保健项目
	fc_6. 便捷性		fd_6. 养老护理项目
			fd_7. 参观游览项目
康养服务感知价值（fe）	fe_1. 服务人员形象	康养品牌感知价值（ff）	ff_1. 品牌宣传水平
	fe_2. 服务人员态度		ff_2. 品牌价值
	fe_3. 服务人员素质		ff_3. 发展特色
	fe_4. 服务水平		ff_4. 国际影响力
	fe_5. 投诉处理效率		ff_5. 国内影响力
	fe_6. 服务管理水平		ff_6. 政策契机
"康养 + 产业"感知价值（fg）	fg_1. "康养 + 工业"评价	* 康养体验的总体评价（f）	f_1. 康养体验总体满意度
	fg_2. "康养 + 农业"评价		f_2. 自己再来意愿
	fg_3. "康养 + 旅游"评价		f_3. 推荐给亲朋好友意愿
	fg_4. "康养 + 医疗"评价		
	fg_5. "康养 + 运动"评价		
	fg_6. "康养 + 地产"评价		
	fg_7. "康养 + 金融"评价		
	fg_8. "康养 + 科技"评价		

注：* 表示康养体验的总体评价不是康养体验感知价值的构成因素。

10.4.2 问卷设计与数据收集

为了解消费者对攀枝花市康养体验感知价值的总体情况及其各构成因素的现状，本节针对表 10 – 1 的每个测量指标设置一个问题编制成网络调查问卷。本调查问卷的主要调查问题按照李克特 5 级量表的方式设计，非常不愿意（非常不好或非常不认同）得1分，不愿意（不好或不认同）得2分，一般得3分，愿意（好或认同）得4分，非常愿意（非常好或非常认同）得5分。除此之外，调查问卷中还包括一些关于地域、性别、年龄、职业、学历、收入水平及健康状况等的问题。由于这些问题不是研究关注的重点，所以对其不加具体分析。为了有效提高网络问卷调查的质量，本书参考余富强等（2019）的研究，在问卷设计、数据的收集与审核等各个环节采取了一些控制措施。在问卷设计中充分考虑移动终端设备的特性和移动互联网用户的使用习惯，调查问题以单项选择为主，对问卷题目的总数量、每个问题的题干与选项的长度以及表述准确性进行了有效控制与仔细检查，在翻译方式上采用滚动设计。在数据的收集过程中，为尽可能增大网络调查的覆盖面，通过学校、企业与政府多种渠道发放网络调查问卷，并且给予有效填写问卷的被调查者适当的奖励。在数据审核过程中，剔除填写不完整、填写时间过短（少于1分钟）、回答存在明显矛盾的问卷。

2020年7月23日至28日通过网络对川渝地区消费者对攀枝花市康养体验感知价值情况开展问卷调查，共收回有效问卷1039份，其中，四川909份，重庆130份。从受访者的地域结构来看，四川占比87.48%，重庆仅占12.52%，较为客观地反映了攀枝花康养旅游消费市场在川渝地区的分布情况。

10.5　实　证　分　析

10.5.1　数据信度与效度分析

1. 信度分析

利用SPSS 24.0中的Cronbach' α 信度系数对1039份有效问卷进行信

度检验，所有 52 个测量指标的 Cronbach' α 信度系数为 0.989。康养体验感知价值、康养环境感知价值、康养设施感知价值、康养消费感知价值、康养产品感知价值、康养服务感知价值、康养品牌感知价值与"康养 + 产业"感知价值的 Cronbach' α 信度系数分别为 0.956、0.935、0.974、0.981、0.975、0.984、0.969 和 0.964。由于信度系数均大于 0.8，所以调查所得数据具有很好的信度。

2. 效度分析

利用 SPSS 24.0 中的 KMO 和 Bartlett 检验进行效度分析。KMO 值为 0.986，大于 0.5，Bartlett 检验的 P 值为 0.00，由此可知，调查数据具有很好的结构效度，适合进行因子分析。

利用 R 语言的 lavaan 包进行验证性因子分析，各潜在变量的标准化因子载荷见表 10 - 2。由表 10 - 2 可知，各测量指标的标准载荷系数均大于 0.6，大部分大于 0.7，并且平均方差抽取量 AVE 值均大于 0.5，说明各测量指标能够较好地反映潜在变量，因而具有较好的聚敛效度。

表 10 - 2　　　　　　　　　　潜在变量的因子载荷

潜在变量	测量指标	标准载荷系数	AVE	潜在变量	测量指标	标准因子载荷系数	AVE
康养环境感知价值 (fa)	fa_1	0.680	0.538	康养设施感知价值 (fb)	fb_1	0.855	0.685
	fa_2	0.752			fb_2	0.754	
	fa_3	0.613			fb_3	0.785	
	fa_4	0.739			fb_4	0.857	
	fa_5	0.711			fb_5	0.843	
	fa_6	0.828			fb_6	0.854	
	fa_7	0.815			fb_7	0.841	
	fa_8	0.705			fb_8	0.827	

潜在变量	测量指标	标准载荷系数	AVE	潜在变量	测量指标	标准因子载荷系数	AVE
康养消费感知价值（fc）	fc_1	0.773	0.616	康养产品感知价值（fd）	fd_1	0.799	0.627
	fc_2	0.786			fd_2	0.779	
	fc_3	0.771			fd_3	0.784	
	fc_4	0.791			fd_4	0.754	
	fc_5	0.795			fd_5	0.803	
	fc_6	0.792			fd_6	0.806	
					fd_7	0.816	
康养服务感知价值（fe）	fe_1	0.782	0.637	康养品牌感知价值（ff）	ff_1	0.755	0.584
	fe_2	0.785			ff_2	0.763	
	fe_3	0.811			ff_3	0.778	
	fe_4	0.799			ff_4	0.771	
	fe_5	0.805			ff_5	0.763	
	fe_6	0.806			ff_6	0.753	
"康养+产业"感知价值（fg）	fg_1	0.758	0.591				
	fg_2	0.728					
	fg_3	0.738					
	fg_4	0.765					
	fg_5	0.757					
	fg_6	0.796					
	fg_7	0.803					
	fg_8	0.799					

表 10-3　　　　　　　　模型拟合评价指标

指标	χ^2	RMSEA	NFI	NNFI	CFI
指标值	8565.032	0.075	0.901	0.910	0.914

10.5.2 假设验证

基于 10.3 节的假设，本书构建如图 10 − 2 所示的结构方程模型进行相关的假设验证，图中符号含义参见表 10 − 1。利用 R 软件对图 10 − 2 所示的结构方程模型进行估计，模型的拟合情况见表 10 − 3。由于模型样本数较大，模型较为复杂，不适合运用卡方检验，所以本书仅参考其他指标。*RMSEA* 处于 0.05 ~ 0.08，*NFI*、*NNFI*、*CFI* 的值均大于 0.9，表明本书构建的模型具有较好的拟合程度。由图 10 − 2 可知，测量模型的估计结果与验证性因子分析部分的结果类似，各潜在变量的标准化因子载荷均在 0.6 以上，表明各测量指标能够较好地反映潜在变量。

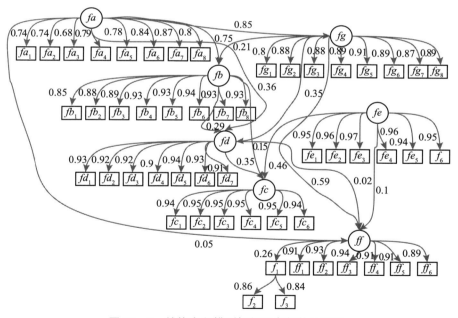

图 10 − 2 结构方程模型框架及参数估计结果

结构模型的参数估计结果见图 10 − 2 和表 10 − 4。"康养 + 产业"感知价值（fg）对康养环境感知价值（fa）的回归结果显示，fa 对 fg 具有统计上显著的正向影响，并且系数估计值较大（标准化系数为 0.854），这说明康养环境感知价值对"康养＋产业"感知价值具有统计上显著、数量上较大的直接正向影响，支持了假设 10－1 成立。

表 10－4　　　　　　　　　　结构模型参数估计结果

被解释变量 ff				被解释变量 fc			
解释变量	系数	P 值	标准化系数	解释变量	系数	P 值	标准化系数
fa	0.133	0.415	0.046	fb	0.127	0.000	0.149
fc	0.271	0.000	0.229	fd	0.272	0.000	0.347
fd	0.020	0.651	0.022	fe	1.144	0.000	0.464
fe	0.305	0.005	0.105				
fg	0.899	0.000	0.593				
被解释变量 fd				被解释变量 fb			
解释变量	系数	P 值	标准化系数	解释变量	系数	P 值	标准化系数
fa	1.123	0.000	0.356	fa	2.180	0.000	0.754
fb	0.313	0.000	0.287	fg	0.314	0.000	0.209
fg	0.569	0.000	0.346				
被解释变量 fg				被解释变量 f_1			
解释变量	系数	P 值	标准化系数	解释变量	系数	P 值	标准化系数
fa	1.641	0.000	0.854	ff	0.098	0.000	0.260
被解释变量 f_2				被解释变量 f_3			
解释变量	系数	P 值	标准化系数	解释变量	系数	P 值	标准化系数
f_1	0.856	0.000	0.855	f_1	0.848	0.000	0.845

康养设施感知价值（fb）对康养环境感知价值（fa）和"康养＋产业"感知价值（fg）的回归结果显示，fa 和 fg 对 fb 具有统计上显著的正向影响。这说明康养环境感知价值与"康养＋产业"感知价值均对康养设施感知价值具有直接、显著的正向影响，支持了假设 10－2 成立。从标

准化系数来看，康养环境感知价值对康养产品感知价值的影响较大（标准化系数为 0.754），"康养 + 产业"感知价值的影响较小（标准化系数为 0.209）。

康养产品感知价值（fd）对康养环境感知价值（fa）、康养设施感知价值（fb）和"康养 + 产业"感知价值（fg）的回归结果显示，fa、fb 和 fg 对 fd 具有统计上显著的正向影响，表明康养环境感知价值、康养设施感知价值以及"康养 + 产业"感知价值均对康养产品感知价值具有直接、显著的正向影响，支持了假设 10 − 3 成立。从标准化系数来看，康养环境感知价值对康养产品感知价值的影响最大（标准化系数为 0.356），其次是"康养 + 产业"感知价值（标准化系数为 0.346），最后是康养设施感知价值（标准化系数为 0.287）。

康养消费感知价值（fc）对康养设施感知价值（fb）、康养产品感知价值（fd）和康养服务感知价值（fe）的回归结果显示，fb、fd 和 fe 对 fc 具有统计上显著的正向影响。这说明康养产品感知价值、康养设施感知价值以及康养服务感知价值均对康养消费感知价值具有直接、显著的正向影响，支持了假设 10 − 4 成立。从标准化系数来看，康养服务感知价值对康养消费感知价值的影响最大（标准化系数为 0.464），其次是"康养 + 产业"感知价值（标准化系数为 0.347），最后是康养设施感知价值（标准化系数为 0.149）。

康养品牌感知价值（ff）对康养环境感知价值（fa）、康养消费感知价值（fc）、康养产品感知价值（fd）、康养服务感知价值（fe）和"康养 + 产业"感知价值（fg）的回归结果显示，fa 和 fd 对 ff 的正向影响统计上并不显著，fc、fe 和 fg 对 ff 具有统计上显著的正向影响。这说明康养消费感知价值、康养服务感知价值、"康养 + 产业"感知价值对康养品牌感知价值具有直接、显著的正向影响。康养环境感知价值、康养产品感知价值对康养品牌感知价值的直接影响并不显著，但这并不意味着其对康养品牌感知价值没有影响。结合前面的估计结果可知，康养环境感知价值可以通过康养设施感知价值、"康养 + 产业"感知价值对康养品牌感知价值产生间接的正向影响；康养产品感知价值可以通过康养消费感知价值对康养品牌感知价值产生间接的正向影响。上述结果支持假设 10 - 5 成立。

消费者自己再来意愿（f_2）和推荐给亲朋好友意愿（f_3）分别对康养体验总体满意度（f_1）的回归结果显示，f_1 对 f_2 和 f_3 具有统计上显著的正向影响，这表明康养体验总体满意度越高，消费者再来攀枝花康养度假的意愿越强，推荐亲朋好友来攀枝花康养度假的意愿也越强，上述结果支持假设 10 - 6 和假设 10 - 7 成立。

康养体验总体满意度（f_1）对康养品牌感知价值（ff）的回归结果显示，ff 对 f_1 具有统计上显著的正向影响，这说明康养品牌感知价值对康养体验总体满意度具有直接、显著的正向影响，支持了假设 10 - 8 的成立。为了进一步检验假设 10 - 8，依次将其他感知价值因素加入模型，回归系数在 5% 的水平上均不显著（见表 10 - 5）。由表 10 - 5 的结果可知，当增加其他感知价值因素时，康养品牌感知价值的系数结果并未发生实质的改变，仍显著为正，而新增因素的系数估计值在统计上均不显著，表明这些康养体验感知价值因素对康养体验总体满意度没有直接、显著的

表 10 - 5 　　　　　　　　　　假设 10 - 8 检验模型结果

被解释变量 f_1				被解释变量 f_1			
解释变量	系数	P 值	标准化系数	解释变量	系数	P 值	标准化系数
ff	0.074	0.004	0.195	ff	0.075	0.001	0.201
fa	0.081	0.279	0.074	fb	0.026	0.223	0.071

被解释变量 f_1				被解释变量 f_1			
解释变量	系数	P 值	标准化系数	解释变量	系数	P 值	标准化系数
ff	0.067	0.004	0.046	ff	0.062	0.018	0.165
fc	0.042	0.133	0.229	fd	0.036	0.127	0.106

被解释变量 f_1				被解释变量 f_1			
解释变量	系数	P 值	标准化系数	解释变量	系数	P 值	标准化系数
ff	0.066	0.003	0.176	ff	0.102	0.002	0.273
fe	0.106	0.098	0.097	fg	- 0.007	0.881	- 0.013

影响。上述结果表明，其他感知价值因素要么对康养品牌感知价值具有直接的正向影响，要么对康养品牌感知价值具有间接的正向影响。由此可知，康养品牌感知价值以外的其他感知价值因素虽然对康养体验总体满意度没有直接、显著的作用，但是会间接地通过康养品牌感知价值对康养体验总体满意度产生正向的作用。综上可知，康养品牌感知价值对康养体验总体满意度具有直接、显著的正向影响，而其他因素主要通过对康养品牌感知价值的影响而对康养体验总体满意度产生间接的正向影响，支持了假设 10 - 8 成立。

10.6 结论与建设策略

10.6.1 结论

本书构建了康养体验感知价值的七因素模型，通过网络问卷的方式对川渝地区消费者对攀枝花康养体验的情况进行了调查，并利用结构方程模型考察了各因素之间相互作用的关系，得出以下主要结论。

（1）康养品牌感知价值是影响消费者攀枝花康养总体满意度最为直接、重要的因素。在康养体验感知价值的 7 个因素中，仅有康养品牌感知价值对康养体验总体满意度具有直接、统计上显著的正向影响，其他 6 个因素主要通过对康养品牌感知价值的影响而对消费者攀枝花康养体验总体满意度产生影响。

（2）康养品牌感知价值各构成因素对消费者攀枝花康养品牌感知价值的作用存在一定的差异，部分因素具有直接显著的正向影响，而其他具有间接的正向影响。康养消费感知价值、康养服务感知价值、"康养 + 产业"感知价值对消费者攀枝花康养品牌感知价值具有直接、显著的正向影响，而康养环境感知价值、康养设施感知价值以及康养产品感知价值主要通过间接的方式对康养品牌感知价值产生正向的影响。

（3）康养环境是影响消费者攀枝花康养体验感知价值的基础性因素。康养环境感知价值对康养设施感知价值、康养产品感知价值以及"康养 + 产业"感知价值都具有统计上显著、数量上较大的正向影响。

（4）"康养 + 产业"的发展状况对消费者攀枝花康养体验感知价值具有多方面的直接影响。"康养 + 产业"感知价值对康养设施感知价值和康养产品感知价值具有直接、显著的正向影响。

（5）康养设施感知价值、康养产品感知价值以及康养服务感知价值对消费者攀枝花康养消费感知价值具有显著的正向影响，其中康养服务感知价值的影响最大。

（6）康养体验总体满意度越高，消费者再来攀枝花的意愿以及推荐亲朋好友来攀枝花康养的意愿越强。

10.6.2　建设策略

基于消费者对攀枝花康养环境感知价值、康养设施感知价值、康养消费感知价值、康养产品感知价值、康养服务感知价值、康养品牌感知价值以及"康养 + 产业"感知价值的分析，提出以下成渝地区诸如涪陵、合川、乐山、雅安、南充等建设成渝地区双城经济圈康养"后花园"的建设策略。

1. 多途径塑造城市康养品牌，显现康养"后花园"发展魅力

研究表明，康养品牌感知价值是影响消费者康养总体满意度的关键因素，而康养消费感知价值、康养服务感知价值又对康养品牌感知价值具有直接显著的影响。因此，要进一步加大康养营销，构建消费者全时、全域、全龄康养体验，坚持显性宣传与隐性宣传相结合，精准设计针对差异化的目标区域、消费群体的营销策略，既要重视通过电视、广播、宣传片等对城市形象的整体宣传，更要重视康养群体通过自媒体对城市

康养品牌的隐性营销。积极应用网络直播、微信营销、微博营销、抖音等网络营销新模式，持续性地开展康养"后花园"营销宣传，大力营造亮点、关注点和兴奋点，强化消费者的体验认知水平，使康养"后花园"营销内容在宣传渠道中快速流动、发酵和爆发，提升营销的渗透率、覆盖面。推动实现成渝地区双城经济区省、市、县（区）三级康养旅游信息服务平台数据共享及全方位营销合作，打造全方位、立体式大宣传格局。提升康养服务水平，整体展示融康养生态环境、康养民宿、特色康养饮食、康养医疗服务等于一体的康养产品及服务体验过程，增强消费者对康养"后花园"的整体感知。

2. 全力推进"康养＋产业"发展，展现康养"后花园"发展实力

充分利用独特的生态优势、资源优势，大力发展"康养＋产业"，推动"康养＋农业""康养＋工业""康养＋文旅""康养＋医疗""康养＋运动"等特色产业和康养产业融合互动局面。加快发展康养科技、康养金融以及康养数字化产业，大力推进康养信息、管理、产品、服务和消费数字化，促进产业多元化、多层次、全链条发展。进一步深化康养进社区、康养进乡村，让康养游客养身、养心、养智，更重要的是给城乡居民生活、经济带来变化，让生活更健康、更舒心、更美好，增强人民群众的获得感和实际受益，共享康养成果。善做"混合运算"，推进"康养＋产业"集群化发展。

3. 优化康养营商环境，增强康养"后花园"发展活力

政府和企业服务效率与水平对消费者康养服务感知价值具有直接的决定作用。构建成渝地区双城经济圈政府、社会、行业、企业等各类主体全方位的沟通协调机制。川渝两省市及多个市州区县均提出了发展康养产业。康养产业日益成为成渝地区双城经济圈现代生活性服务业的重要内容，也是生态功能区实现生态价值转化和乡村振兴的重要产业载体。强化政府和政府之间的交流沟通机制，营造全社会共同参与、行业企业

共同发展的协作机制。为了优化消费者康养体验环境，一方面要强化府际协同，转变政府职能，树立服务型政府的意识，着力解决康养企业发展的"痛点"和"难点"，降低企业生产成本和制度性交易成本，推动公私合作模式（PPP 模式）在康养产业中的应用。同时，强化"一揽子"政策保障和政策体系的协同作用，探索更加有利于促进康养产业发展的相关政策。另一方面，探索组建康养产业集团，盘活闲置资产，整合分散业态，实现康养产业规模化发展。积极引进成渝地区康养企业，尤其注重康养大集团的引进，培育康养综合性全产业链龙头企业。

4. 强化要素保障与融合，促进康养"后花园"发展潜力

康养要素的保障对康养消费感知价值具有直接显著的影响。成渝地区，尤其是成都重庆两大极核城市，资本富集、要素聚集、人才优势与研发能力突出，新模式、新业态不断涌现。因此，康养"后花园"城市应加强与成渝地区双城经济圈在康养领域的要素整合，提高康养"后花园"康养供给能力，满足成渝地区双城经济圈旺盛的需求。一是优化康养旅游交通，打造对外立体交通路网，提升路网服务品质，形成便捷高效的交通"大循环"，完善康养"后花园"城市内部交通网络，重点优化区域间通行、康养旅游景区之间等交通路网，实现康养景区之间畅通衔接，形成便捷高效的交通"微循环"；二是强化康养文旅资源要素协作，发挥康养"后花园"的比较优势，加强与成渝地区双城经济圈文旅线路对接，协调推动康养文旅与研学融合发展、研学基地打造；三是人才要素的整合，加快康养创新人才及康养产业技术人才集聚培育，内培外引，借才借智、借势借力，与成渝地区共建区域技能人才培养、职业技能培训合作机制，打造康养高技能人才培训基地；四是加大资金的投入，充分发挥银行、基金、信托等金融工具的杠杆作用，设立康养产业投资基金，探索发行康养文化旅游专项债券，出台系列针对康养项目发展的金融、税收、人才等系列扶持政策；五是创新要素的整合，加大相关领域科技协同攻关和技术创新，提升康养产品技术含量和附加值，积极引进

新业态、新模式，提升康养产品和服务的质量。

10.7 本 章 小 结

关注消费者康养感知价值，对提升消费者康养体验满意度、塑造城市康养品牌具有十分重要的意义。就研究共性而言，当前研究主要限于对单一产品或服务感知价值的分析，对于涵盖多种产品和服务形态的康养城市消费者感知价值的研究还较为缺乏。本章依据成渝地区双城经济圈康养"后花园"城市攀枝花市独特的生态优势、资源优势和区位优势，从康养环境、康养设施、康养消费、康养产品、康养服务、康养品牌以及"康养＋产业"七个维度构建消费者康养体验感知价值构成因素模型。通过 SPSS 24.0 软件对 2020 年 7 月收集的成渝地区 1039 份有效问卷进行信度、效度检验，并建立结构方程模型进行实证分析。研究表明：康养品牌感知价值是影响消费者总体满意度最为直接、重要的因素，是研究考察的 7 个因素中唯一对康养体验总体满意度具有直接、统计上显著正向影响的因素；其他 6 个因素均通过影响康养品牌感知价值而对总体满意度产生影响，且在影响强度和方式上存在一定的差异。其中，康养消费感知价值、康养服务感知价值、"康养＋产业"感知价值对消费者康养品牌感知价值具有直接、显著的正向影响，康养环境感知价值、康养设施感知价值以及康养产品感知价值主要通过间接方式产生正向的影响；此外，康养体验总体满意度越高，消费者再次消费的意愿以及向亲朋好友进行推荐的意愿也更加强烈。

参 考 文 献

[1] 白长虹，廖伟．基于顾客感知价值的顾客满意研究 [J]．南开学报，2001（6）：14-20．

[2] 卜从哲．河北省康养产业创新发展的环境分析及其路径选择 [J]．中国乡镇企业会计，2018（1）：11-14．

[3] 陈芳．供给侧改革视角下的攀枝花康养产业发展研究 [J]．纳税，2018（33）：169-170．

[4] 陈柯．林下养生产业社会需求分析 [J]．林业经济，2015（12）：54-60．

[5] 陈力，陈华，周凌杉．资源型城市转型理解辨析与对策思考——以攀枝花康养特色产业为例 [J]．价值工程，2018（1）：7-10．

[6] 陈雪钧，李莉．国内康养旅游产业发展的多维分析与启示 [J]．开发研究，2021（4）：109-114．

[7] 程臻宇．区域康养产业内涵、形成要素及发展模式 [J]．山东社会科学，2018（12）：141-145．

[8] 戴金霞．常州市康养旅游产品开发与产业发展对策研究 [D]．南京：南京师范大学，2017．

[9] 丁小宸．美国健康产业发展研究 [D]．长春：吉林大学，2018．

[10] 房红，张旭辉．康养产业：概念界定与理论构建 [J]．四川轻化工大学学报（社会科学版），2020，35（4）：1-20．

[11] 高杰．中国-东盟养生产业合作开发路径研究 [J]．中国西部，2019（2）：44-51．

[12] 高铭蔓．攀枝花市产业转型与可持续发展研究 [D]．成都：西南交通大学，2018．

［13］高妍蕊．康养产业发展要加强体制机制和信用体系建设［J］．中国发展观察，2017（17）：41－42.

［14］龚三乐，夏飞．产业经济学［M］．成都：西南财经大学出版社，2018.

［15］郭德君．中国健康产业国际化的思考——以中华养生文化及中医药产业国际化为分析视角［J］．社会科学，2016（8）：43－50.

［16］郭金来，乐章，郭圣乾，等．康养产业集群发展：宜都经验与实证研究［M］．武汉：武汉大学出版社，2019.

［17］韩淑娟，谭克俭．政府的责任边界与养老服务业的突围路径［J］．东岳论丛，2017（8）：27－31.

［18］何彪，谢灯明，蔡江莹．新业态视角下海南省康养旅游产业发展研究［J］．南海学刊，2018，4（3）：82－89.

［19］何传启．建立新的生活方式和发展模式［J］．中国卫生，2016（10）：30－31.

［20］何景师．基于结构方程模型的O2O多渠道顾客感知价值与忠诚度研究［J］．武汉理工大学学报（信息与管理工程版），2017，39（4）：448－452.

［21］何莽．中国康养产业发展报告（2017）［M］．北京：社会科学文献出版社，2018.

［22］何莽．中国康养产业发展报告（2018）［M］．北京：社会科学文献出版社，2019.

［23］何莽．中国康养产业发展报告（2019）［M］．北京：社会科学文献出版社，2020.

［24］何莽．中国康养产业发展报告（2020）［M］．北京：社会科学文献出版社，2021.

［25］何莽．中国康养产业发展报告（2021）［M］．北京：社会科学文献出版社，2022.

［26］胡振宇，黄艳. 中医健康养生保健服务产业存在的问题与对策 ［J］. 企业经济，2015（12）：114 – 117.

［27］贾盈盈. 产业集群理论综述 ［J］. 合作经济与科技，2016 （18）：39 – 41.

［28］贾真真，黎有为，高占冬，汪炎林，吴克华. 喀斯特洞穴康养 适宜性评价——以贵州红果树景区天缘洞为例 ［J］. 中国岩溶，2019，38 （5）：815 – 822.

［29］金碚. 关于大健康产业的若干经济学理论问题 ［J］. 北京工业 大学学报（社会科学版），2019（1）：1 – 7.

［30］雷鸣，钱卫，高升洪等. 攀枝花阳光康养产业发展模式研究 ［J］. 攀枝花学院学报，2018，35（3）：6 – 11.

［31］雷星晖，张伟. 电子商务平台顾客感知价值对购买行为及企业 未来销售的影响 ［J］. 上海管理科学，2012，34（4）：27 – 33.

［32］李博，张旭辉. 中国康养产业的生成路径与发展模式 ［J］. 内 江师范学院学报，2022，37（12）：93 – 105.

［33］李海英，梁尚华，王键，裘陈江. 中医药养生文化产业创新发展 的多维度思考 ［J］. 世界科学技术 – 中医药现代化，2018（10）：1900 – 1904.

［34］李行健. 现代汉语规范词典 ［M］. 4 版. 北京：外语教学与研 究出版社，2022.

［35］李后强. 生态康养论 ［M］. 成都：四川人民出版社，2015.

［36］李惠莹，谢晓红，于丽丽等. 中国康养产业商业模式与发展战 略 ［M］. 北京：经济管理出版社，2019.

［37］李莉，陈雪钧. 中国康养旅游产业的发展历程、演进规律及经 验启示 ［J］. 社会科学家，2020（5）：74 – 78，90.

［38］李茜燕. 后疫情时期康养旅游产业发展的机遇及对策研究 ［J］. 江苏商论，2021（10）：62 – 64.

［39］李先国，陈宁颉，张新圣. 虚拟品牌社区感知价值对新产品购 买意愿的影响机制——基于群体认同和品牌认同的双中介视角 ［J］. 中国 流通经济，2017，31（2）：93 – 100.

［40］李轩，谢海涛，谢煜．我国森林康养产业供给与需求"双侧"发展研究［J］．中国林业经济，2020（5）：74－76，88.

［41］梁云凤，胡一鸣．中国特色康养经济研究［M］．北京：经济管理出版社，2019.

［42］刘畅．高端消费品感知价值影响因素的定量测度［J］．经济与管理研究，2015，36（11）：131－137.

［43］刘金得，孙旭瑶．新型城镇化背景下秦皇岛市康养文化特色小镇规划研究［J］．中国集体经济，2020（28）：123－124.

［44］刘瑶．湖南省医养产业发展策略研究［D］．长沙：湖南中医药大学，2017.

［45］刘战豫，孙夏令，石佳．康养为核心的三大产业融合发展——以焦作市为例［J］．中国集体经济，2019（7）：20－22.

［46］刘智勇，陈雅露．推进医养结合发展的困局及其化解对策［J］．中国行政管理，2022（4）：152－154.

［47］陆冬梅．康养产业发展的背景、内涵和政策演化［EB/OL］．（2021－07－21）［2023－06－05］．https：//baijiahao．baidu．com/s？id＝1705876528874229912&wfr＝spider&for＝pc.

［48］陆杰华．我国老龄产业研究评述及展望［J］．北京大学学报（哲学社会科学版），2002（1）：137.

［49］罗忠林．我国康养产业发展重点及投融资策略研究［J］．中国乡镇企业会计，2018（1）：40－42.

［50］马娅．森林康养产业与区域经济发展研究［D］．南京：南京林业大学，2021.

［51］梅耀林，张培刚．产业发展理论回顾及应用研究——以盐城市盐都区产业发展定位为例［J］．河南科学，2007（6）：1077－1080.

［52］倪渊，高宇东，杨露，张健．网络平台环境下的顾客感知价值结构、影响因素及效应：基于文献计量视角［J］．商业经济研究，2020（8）：80－84.

［53］潘慧，余宇新．发达国家发展养老养生产业经验及其启示［J］．改革与战略，2019（2）：107－115.

［54］潘家华，李萌，吴大华，马先标．发展康养产业坚守"两条底线"［J］．农村．农业．农民（B版），2019（1）：52－53.

［55］潘雅芳，王玲．后疫情时期我国康养旅游发展的机遇及建议［J］．浙江树人大学学报（人文社会科学版），2020，20（3）：1－5，13.

［56］潘洋刘，曾进，文野，等．森林康养基地建设适宜性评价指标体系研究［J］．林业资源管理，2017（5）：101－107.

［57］攀枝花市人民政府，中国标准化研究院．攀枝花市康养产业标准体系［R］．攀枝花市：攀枝花市人民政府，2021.

［58］秦皇岛市政府．秦皇岛康养产业发展白皮书［R］．秦皇岛市：秦皇岛市政府，2019.

［59］商务印书馆辞书研究中心．应用汉语词典［M］．北京：商务印书馆，2005.

［60］申曙光，曾望峰．健康中国建设的理念、框架与路径［J］．中山大学学报（社会科学报），2020（1）：168－178.

［61］石智雷，杨雨萱，蔡毅．大健康视角下我国医养结合发展历程及未来选择［J］．人口与计划生育论坛，2016（12）：30－32.

［62］石柱土家族自治县人民政府．康养石柱白皮书［R］．石柱县：石柱土家族自治县人民政府，2018.

［63］说词解字辞书研究中心．新版现代汉语图解词典［M］．北京：华语教学出版社，2016.

［64］四川"康养产业发展研究"课题组．生态康养看攀西以"六度理论"为衡量指标打造同心圆圈层发展体系［J］．当代县域经济，2015（4）：26－29.

［65］孙悦文，吕振华．康养旅游开发的适宜性分析——以普达阳光小镇为例［J］．建筑与文化，2019（3）：135－137.

[66] 唐亚林，张潇．国家健康养老养生产业发展政策体系的历史演变及发展模式的转型研究 [J]．广西财经学院学报，2019，32 (3)：1 – 13.

[67] 汪雁．对老龄产业内涵及性质的再思考 [J]．市场与人口分析，2004 (10)：59 – 64.

[68] 王宝，张明立，李国峰．顾客价值测量体系研究 [J]．中国软科学，2010 (2)：142 – 152.

[69] 王佳怡．从供给侧角度浅谈四川攀枝花市康养产业的优化措施 [J]．中外企业家，2018 (10)：50 – 51.

[70] 王建梅，杨晨曦，于宝．基于康养背景下的秦皇岛市休闲旅游型乡村景观营建研究 [J]．智能建筑与智慧城市，2021 (1)：24 – 25.

[71] 王敬浩，胡冠佩，刘朝猛．广西养生健身产业研究 [J]．体育文化导刊，2009 (6)：66 – 72.

[72] 王鹏，毛笑非，张帆．关于攀枝花阳光康养基础设施建设的研究 [J]．攀枝花学院学报，2016 (6)：53 – 54.

[73] 王伟，于吉萍，张善良．顾客感知价值：研究述评与展望 [J]．河南工业大学学报 (社会科学版)，2018，14 (5)：33 – 41.

[74] 王艺润，金鑫，杨恺钧．中国康养产业开发建设适宜性评价指标体系研究综述 [J]．现代商业，2019 (15)：10 – 11.

[75] 王忠贵．森林康养对人体健康促进作用浅析 [J]．现代园艺，2020，43 (1)：106 – 109.

[76] 王宗水，赵红，秦绪中．我国家用汽车顾客感知价值及提升策略研究 [J]．中国管理科学，2016，24 (2)：125 – 133.

[77] 魏中龙，郭辰．基于顾客认知价值分析的产品定价策略研究 [J]．管理世界，2007 (4)：162 – 163.

[78] 武永红，范秀成．基于顾客价值的企业竞争力整合模型探析 [J]．中国软科学，2004 (11)：86 – 92.

[79] 谢灯明，何彪，蔡江莹等．森林康养潜在游客感知风险对行为意向影响研究 [J]．林业经济问题，2020，40 (1)：66 – 71.

[80] 新华词典编纂组.新华词典 [M].北京：商务印书馆，1987.

[81] 徐程，尹庆双，刘国恩.健康经济学研究新进展 [J].经济学动态，2012（9）：120－127.

[82] 薛金霞，曹冲.国内外关于产业融合理论的研究综述 [J].新西部，2019（30）：73－74，90.

[83] 鄢行辉.我国民族传统养生产业开发研究 [J].人民论坛，2010（8）：168－169.

[84] 杨公朴.产业经济学 [M].上海：复旦大学出版社，2005.

[85] 杨继瑞，赖昱含.中国西部康养产业发展论坛观点综述 [J].攀枝花学院学报，2018（1）：112－116.

[86] 杨金龙."亚健康"状态的养生业 [J].中国商贸，2007（7）：22－23.

[87] 杨立雄，余舟.养老服务产业：概念界定与理论构建 [J].湖湘论坛，2019，32（1）：24－38，2.

[88] 杨龙，王永贵.顾客价值及其驱动因素剖析 [J].管理世界，2002（6）：146－147.

[89] 杨晓燕，周懿瑾.绿色价值：顾客感知价值的新维度 [J].中国工业经济，2006（7）：110－116.

[90] 于欣禾，王建萍.互联网环境下男衬衫定制顾客感知价值评价方法 [J].纺织学报，2020，41（3）：136－142.

[91] 余富强，胡鹏辉，杜沙沙.网络问卷调查的数据质量控制研究 [J].统计与决策，2019，35（16）：10－14.

[92] 袁政.产业生态圈理论论纲 [J].学术探索，2004（3）：36－37.

[93] 詹琳，张华.攀枝花市康养旅游产业融合发展 SWOT 分析及策略研究 [J].攀枝花学院学报，2021，38（4）：45－52.

[94] 张车伟.关于发展我国大健康产业的思考 [J].人口与社会，2019（1）：18－22.

[95] 张春香. 基于钻石模型的区域文化旅游产业竞争力评价研究 [J]. 管理学报, 2018 (12): 1781 – 1788.

[96] 张国政, 彭承玉, 张芳芳, 等. 农产品顾客感知价值及其对购买意愿的影响——基于认证农产品的实证分析 [J]. 湖南农业大学学报 (社会科学版), 2017, 18 (2): 24 – 28.

[97] 张鹤冰, 李春玲, 魏胜. 在线顾客感知质量、感知价值对购买意愿的影响——基于消费者异质性视角 [J]. 企业经济, 2020 (5): 113 – 121.

[98] 张弘力, 矫正中. 常用财经词汇简释 [M]. 北京: 经济管理出版社, 2001.

[99] 张建刚, 王新华, 段治平. 产业融合理论研究述评 [J]. 山东科技大学学报 (社会科学版), 2010, 12 (1): 73 – 78.

[100] 张太慧. 基于典型案例的康养产业发展路径构建研究 [D]. 成都: 成都中医药大学, 2019.

[101] 张小梅, 王进. 产业经济学 [M]. 成都: 电子科技大学出版社, 2017.

[102] 张旭辉, 李博, 房红等. 新冠肺炎疫情对攀西康养产业发展的影响及对策建议 [J]. 决策咨询, 2020 (2): 90 – 92.

[103] 张毓辉等. 中国健康产业分类与核算体系研究 [J]. 中国卫生经济, 2017 (4): 5 – 8.

[104] 中国社会科学院语言研究所词典编辑室. 现代汉语词典 [M]. 7 版. 北京: 商务印书馆, 2016.

[105] 钟露红, 王珂, 阮银香. 攀枝花 "康养 +" 产业融合发展研究 [J]. 现代商贸工业, 2018, 39 (8): 8 – 9.

[106] 周丹妮, 姚裕金. 从钢铁重工到阳光康养——民革助力攀枝花城市转型升级侧记 [J]. 团结, 2015 (4): 12 – 15.

[107] 周永. 康养产业融合的内在机理分析 [J]. 中国商论, 2018 (26): 160 – 161.

［108］ Berry L L. Cultivating service brand equity ［J］. *Journal of the Academy of marketing science*，2000，28（1）：128 – 137.

［109］ Cutler D，A Deaton A. Lleras – Muney. The determinants of mortality ［J］. *Journal of Economic Perspectives*，2006（3）：97 – 120.

［110］ Enste G P，Naegele V L. *The Discovery and Development of the Silver Market in Germany* ［C］//Kohlbacher，C Herstatt. The Silver Market Phenomenon. Berlin Heidelberg：Springer – Verlag，2008：325 – 339.

［111］ Ethan M J Lieber. Does health insurance coverage fall when nonprofit insurers become for-profits? ［J］. *Journal of Health Economics*，2018（57）：75 – 88.

［112］ Flint D J，Woodruff R B，Gardial S F. Exploring the phenomenon of customers' desired value change in a business – to – business context ［J］. *Journal of Marketing*，2002，66（4）：102 – 117.

［113］ Gawain Heckley，Ulf – G. Gerdtham，Gustav Kjellsson. A general method for decomposing the causes of socioeconomic inequality in health ［J］. *Journal of Health Economics*，2016（48）：89 – 106.

［114］ Henry Y Mak. Managing imperfect competition by pay for performance and reference pricing ［J］. *Journal of Health Economics*，2018（57）：131 – 146.

［115］ http：//www. oecd. org/employment/leed/OECD – China – report – Final. pdf，2013 – 11 – 19.

［116］ Marek Radvanský，Viliam Páleník. "*Silver Economy*" *as Possible Export Direction at Ageing Europe – Case of Slovakia* ［C］//Eco Mod，2011.

［117］ Moody H R，Sasser J R. *Aging：Concepts and Controversies* （7th ed. ） ［M］. Thousand Oaks，CA：Sage，2012.

［118］ Nils Gutacker，Luigi Siciliani，Giuseppe Moscelli，Hugh Gravelle. Choice of hospital：Which type of qualitymatters? ［J］ *Journal of Health Economics*，2016（50）：230 – 246.

[119] Parasurman A, Grewal D. The impact of technology on the quality-value-loyalty chain: A research agenda [J]. *Journal of the Academy of Marketing Science*, 2000, 28 (1): 168 – 174.

[120] Paul Z Pilzer. *The Wellness evolution: How to Make a Fortune in the Next Trillion Dollar Industry* (2nd Ed) [M]. New Jersey: John Wiley & Sons, Inc. , 2007.

[121] Petrick J F. First timers' and repeaters' perceived value [J]. *Journal of Travel Resesrch*, 2004, 43 (1): 29 – 38.

[122] Porter. *Competitive advantage: Creating and sustaining superior performance* [M]. NewYork: The Free Press, 1985.

[123] Sheth J N, Newman B I, Gross BL. Why we buy what we buy: A theory of consumption values [J]. *Journal of Business Research*, 1991, 22 (2): 159 – 170.

[124] Slatet S F, Narver J C. Market orientation, customer value, and superior performance [J]. *Business Horizons*, 1994, 137 (2): 22 – 28.

[125] Sophie Witter, Tim Ensor, Matthew Jowett, Robin Thompson. *Health Economics for Developing Countries: Apractical Guide* [M]. Amsterdam: Royal Tropical Institute, Amsterdam KIT Publishers, 2010.

[126] Sweeney J C, Soutar G N. Consumer perceived value: the development of a multiple item scale [J]. *Journal of Retailing*, 2001, 77 (2): 203 – 220.

[127] Vigneron F, Johnsor L W. Measuring perceptions of brand luxurys [J]. *Journal of Brand Management*, 2004, 11 (6): 484 – 506.

[128] Woodruff R B. Marketing in the 21st century customer value: The next source for competitive advantage [J]. *Journal of the Academy of Marketing Science*, 1997, 25 (3): 256 – 266.

[129] Zaithaml V A. Consumer perceptions of price, quality, and value: a means-end model and synthesis of evidence [J]. *Journal of Marketing*, 1988, 52 (3): 2 – 22.